Minha vida

```
CIP-BRASIL. CATALOGAÇÃO NA PUBLICAÇÃO
SINDICATO NACIONAL DOS EDITORES DE LIVROS, RJ
```

Q67m   Quintana, Ramona Margarete,
        1975 - Minha vida : uma trajetória difícil, mas compensadora
/ Ramona Margarete Quintana. – 1. ed. – Porto Alegre [RS] :
AGE, 2025.
        128 p. ; 14x21 cm.

        ISBN 978-65-5863-360-0
        ISBN E-BOOK 978-65-5863-359-4

        1. Quintana, Ramona Margarete, 1975-. 2. Mulheres –
Biografia – Brasil. 3. Autobiografia. I. Título.

        25-97491.0   CDD: 920.72
                              CDU: 929-055.2

Gabriela Faray Ferreira Lopes – Bibliotecária – CRB-7/6643

Ramona Margarete Quintana

Minha vida
uma trajetória difícil,
mas compensadora

PORTO ALEGRE, 2025

© Ramona Margarete Quintana, 2025

Capa:
Nathalia Real
Mirella Schultz

Diagramação:
Nathalia Real

Revisão textual:
Marquieli Oliveira

Supervisão editorial:
Paulo Flávio Ledur

Editoração eletrônica:
Ledur Serviços Editoriais Ltda.

Reservados todos os direitos de publicação à
EDITORA AGE
editoraage@editoraage.com.br
Rua Valparaíso, 285 – Bairro Jardim Botânico
90690-300 – Porto Alegre, RS, Brasil
Fone: (51) 3223-9385 | Whats: (51) 99151-0311
vendas@editoraage.com.br
www.editoraage.com.br

Impresso no Brasil / Printed in Brazil

*Ano de 2019, 12 de maio, um domingo,
Dia das Mães: não haveria data melhor
para começar a escrever minha história.
E dedico este livro à minha eterna mãezinha,
Valentina Rodrigues Brasão.*

SUMÁRIO

Capítulo 1
O milagre da vida 9

Capítulo 2
Sonho destruído 25

Capítulo 3
Uma chance para o amor 49

Capítulo 4
O renascer 71

Capítulo 5
As mudanças e os milagres da vida 109

Mensagem final 125

Capítulo 1
O MILAGRE DA VIDA

❖ A difícil chegada

É difícil saber onde começa minha história, pois, antes mesmo de eu nascer, ela já começou. Seja como for, vamos iniciar. Algumas histórias me foram contadas, de outras eu me lembro.

Tenho nove irmãos vivos, sendo três mulheres e seis homens. Sou a caçula entre as mulheres. Atualmente moramos distantes, e nos afastamos por alguns motivos que irei contar no decorrer destas memórias.

Nasci no ano de 1975. Eu tinha um irmão que nem conheci. Seu nome era Lucas, o nosso Luquinhas. Contam-me que ele tinha 11 anos quando ficou doente. Após alguns exames, descobriram que era leucemia. Seu Damião Peixoto Brasão, meu pai, ficou com ele no hospital da cidade de Foz do Iguaçu, onde foi internado. Minha irmã Lara relata que Luquinhas sofreu muito com a doença, e a família toda sofreu com ele. O menino ficou apenas três dias hospitalizado, e infelizmente faleceu.

Minha mãe, Dona Valentina, estava grávida de mim havia quatro meses. Diante daquele acontecimento, ficou muito triste, cabisbaixa e chorava muito. Meu pai também ficou muito abalado com a morte do meu irmão, pois ele era o filho que mais se parecia com ele, o que mais ajudava minha mãe nos afazeres domésticos.

Como não conheci Luquinhas, minha família me conta essa parte da história. Eles relatam que ele era um menino de ouro, muito dedicado, esforçado e trabalhador. Como presente, nos deixou um lindo jardim, cheio de flores. Também restou a colheita do arroz e dos porcos de que cuidava, tudo com todo o cuidado e carinho que ele tinha pela família e pelo lar. Luquinhas estava ali, nessas lembranças, pela casa, e nunca foi esquecido pela família. Até pouco tempo atrás, minha mãe, no Dia dos Finados, levava flores, acendia velas e rezava em seu jazigo no cemitério da cidade. Sempre foi um dia triste para ela, que andava quieta pela casa e com um olhar de reflexão.

No mesmo ano, após cinco meses, no dia 29 de novembro, eu nasci. Minha mãe diz ter sofrido muito no parto. Morávamos no interior e tínhamos poucos recursos. Dona Maria, a parteira local, ajudou minha mãe com o meu nascimento.

Naquele dia, um longo dia para minha mãe, chovia muito. Dona Maria já tinha feito de tudo, mas eu não nascia de jeito nenhum. Minha mãe ia perdendo as forças, sofrendo muito. As esperanças estavam acabando, sem chance de vida para nós duas. A única opção era levar minha mãe ao hospital. Mas, com a chuva, a estrada estava cheia de barro; só um trator conseguiria nos tirar de casa.

Minha mãe, fraca, sem forças, pediu para Dona Maria ligar o rádio em uma estação com orações. Quem estava profetizando milagres era o pastor Davi Miranda. Então ela começou a pedir a Deus por um milagre, para que eu viesse ao mundo com saúde. Ela conta que também começou a rezar ao Santo das Parteiras, São Raimundo Nonato, e que fez uma promessa: que me chamaria Raimundo, se fosse menino, ou Vitória, se fosse menina. Após horas de trabalho de parto, o milagre da vida aconteceu, e eu nasci. Minha mãe foi se recuperando, retomando as forças. E meu nome virou Vitória.

Minha família era grande. Quando nasci, já tinha sete irmãos. Vou começar pelo mais velho: Emílio, Davi, Jorge, Tainá, Arnaldo, Lara e Michele. Eles adoraram o nome Vitória. Então, fui batizada como Vitória Rodrigues Brasão.

Assim foi meu nascimento, que vejo como um milagre. Para mim, a vida é um milagre de Deus que me faz acordar todos os dias, que renova nossas forças. Esse milagre me manda a mensagem de que um novo dia nasceu, para que eu siga em frente, pois Ele está comigo em todos os momentos, desde o começo da minha vida, antes mesmo de eu vir ao mundo.

✦ Infância feliz

Fui crescendo. Minha mãe sempre contou que eu tinha muita saúde, era uma criança alegre, radiante, que brincava muito e era cheia de esperança de um mundo melhor. Ela dizia que eu era um bebê arco-íris, que nasci para trazer luz a ela e à minha família, principalmente diante do momento tão difícil que eles viviam, com o luto do meu irmão Luquinhas.

Enquanto crescia, eu gostava de cantar, conversar, fazer bagunça. Conseguia deixar a casa feliz. Minha mãe dizia que eu era a alegria da casa. Só consigo pensar em como Deus é maravilhoso, pois eu cheguei num momento difícil para todos. Sei que filho não se substitui, mas Deus deu para minha mãe uma nova chance de sorrir, uma nova luz de esperança. Mesmo não tendo conhecido Luquinhas, ele está sempre nas minhas lembranças.

No ano de 1977, quando eu estava com 1 ano e 9 meses de idade, minha mãe engravidou de meu irmãozinho Arthur, seu décimo filho. Foi uma gestação de risco, por conta da idade e da saúde frágil de minha mãe. Ela precisou ficar quase todo o período da gravidez de repouso, e nos últimos dois meses ficou internada no hospital.

Meu pai, o seu Damião, a acompanhava e visitava no hospital. Eu ficava sob os cuidados dos meus irmãos, pois ainda era bebê. Minha irmã Tainá, que tinha apenas 13 anos, e meu irmão Emílio, com 17 anos, eram os que mais cuidavam de mim. Eu não me lembro dessa época, mas meus irmãos me contam que fiquei muito triste sem ter minha mãe por perto. Cheguei a ficar doente, vitimada por uma gripe chamada na época de "tosse comprida".

Eu não comia direito e chorava muito. Para me acalmar, minha irmã Tainá saía comigo no colo, me embalava. Ela me dava banho, penteava meus lindos cabelos cacheados, que são lindos até hoje, me arrumava com vestidos bonitos que minha mãe fazia na máquina de costura. Minha irmã foi uma mãe para mim durante aquele período.

Não foi uma fase fácil. Chegamos a passar fome, pois o que tínhamos para comer era feijão e aipim, tudo da nossa plantação. Eu não queria comer, mas meu irmão Emílio se sentava ao meu lado e dizia que ficaria triste se eu não comesse. Ele usava uma tática para eu comer mais: fazia uma aposta para ver quem terminava de comer primeiro. Virou brincadeira, e assim eu comia. Eu sempre queria ganhar, também porque, após comer, podia brincar com meus irmãos. Assim se passaram os dias, meus irmãos se ajudando para cuidar de mim, e um do outro. Tudo que era possível eles faziam para me distrair e eu não sentir tanto a falta dos meus pais. Estávamos todos ansiosos para o retorno deles.

Meu irmão nasceu em Foz do Iguaçu. Minha mãe, que já tinha passado por nove partos normais, teve o décimo filho por cesariana. Quando ela chegou em casa, foi uma alegria para mim. Sentia muitas saudades. Eu estava magra por causa da gripe e da falta de comida, mas com minha mãe perto de mim, me cuidando, eu voltei a ser uma criança feliz. Além disso, aos poucos os sintomas da gripe foram passando, e eu fiquei melhor.

E assim nossa vida continuava. Arthur, meu irmão caçula, com um ano e alguns meses, ficou doente. Ele foi diagnosticado com paralisia infantil e foi levado para um hospital em Curitiba. Era o único lugar em que havia tratamento para essa doença na época. Os médicos falaram que ele não andaria mais.

Minha mãe se hospedou em um abrigo de freiras para conseguir ficar perto dele. Rezando diariamente, ela se voltou para Deus. E um novo milagre na vida dela aconteceu, porque meu irmão foi reagindo ao tratamento. Em 30 dias, meus pais voltaram para casa com Arthur caminhando, curado. Mais uma graça de Deus, mais um milagre na vida de Dona Valentina.

Minha família era pobre. Não tínhamos condições de muita coisa. Mas lembro da união em nossa casa. Do pouco que me recordo dessa época, consigo dizer que era uma criança feliz, mesmo com tantas dificuldades.

Eu e meu irmão Arthur brincávamos muito. Não tínhamos brinquedos, mas sempre dávamos um jeito. Eu brincava com bonequinhas feitas de panos e de sabugo de milho. Nossas bolas para jogar peteca eram de meias, os carrinhos, de tábua de madeira e rodinhas das tampas de panela. Lembro que o carrinho tinha até um guidão para se agarrar na descida ladeira abaixo. Nossos balanços eram de cipó; com eles, nos balançávamos por cima do rio, de um lado para o outro. Nadávamos nos rios e subíamos em árvores sem medo algum. Às vezes eu pegava as tampas das panelas e subia na árvore, fazendo da tampa um avião que estava no alto voando.

Eu gostava de pular tábua e corda, brincar de esconde-esconde em noite enluarada e de passar anel. Também gostava de brincar de caí no poço e da ciranda, cirandinha. Cirandinha eu amava porque minha mãe também participava.

Havia muitos vaga-lumes à noite, e isso fazia a brincadeira ficar melhor. Nas nossas brincadeiras, a criatividade era grande. Quatro madeiras e quatro buracos faziam as paredes de uma casa de brinquedo. As embalagens de alimentos na época eram de lata e viravam panelinhas. Tinha até poço para pegar água de brincadeira. Fazíamos um buraco, uma manivela enrolada em um barbante com uma panela velha pendurada. Assim tínhamos água de faz de conta para fazer as comidinhas.

O inverno era muito rigoroso. Fazíamos suco e colocávamos no telhado para congelar com a geada. Aquilo era o nosso picolé e nos motivava a acordar cedo, mesmo sendo inverno. Era tão bom! Como tudo ficava longe, não tínhamos acesso a nada disso, e novamente a criatividade tinha que se apresentar.

Tinha também a brincadeira de bolinhas de gude. Era um jogo mais de meninos, o preferido do Arthur. Ele também gostava de caçar passarinho. Mas o Arthur tinha muitas *bolitas*. Nós as dividíamos em partes iguais e fazíamos um buraco no chão. Esse buraco se chamava *bulico*. Quem acertasse mais *bolitas* no *bulico* ia marcando pontos e, no final, quem tivesse acertado mais era o vencedor do jogo. Sinceramente, dessas brincadeiras eu não gostava muito, mas Arthur dizia que, para ele brincar comigo de casinha e de bonecas, eu tinha que ajudá-lo a fazer as *bolitas* de barro e jogar *bolitas* de vidro com ele.

Brincar de *bétis* (*bets* ou taco) eu adorava. Eu era muito rápida e boa nesse jogo, sempre levando a melhor. Era um jogo para duas pessoas. Eram feitas duas casinhas de madeira em cada ponta, e cada jogador tinha uma pazinha de madeira para rebater a bola. Essa bola era feita por nós, com meias. Cada um tinha que proteger a casa. Se o adversário derrubasse a minha casa, eu perdia e estava fora do jogo. Um rebatia para o outro. Se meu adversário não conseguisse rebater de volta para mim e a bola fosse para longe, eu ia contando os pontos de um lado para o outro, até ele chegar com a bola. No final do jogo, quem marcasse mais pontos era o vencedor.

Depois de um dia feliz de brincadeiras, o meu pai e os meus irmãos chegavam da lavoura. Com isso, toda a família se reunia em volta do fogão à lenha para se esquentar. Eu gostava muito de ouvir histórias, mas, como não tínhamos livros ou acesso a eles, gostava de ouvir as histórias inventadas pelo meu pai ou pelos meus irmãos. Havia histórias que faziam eu sentir medo, pois eram de bruxas, de lobisomem, da mula sem cabeça, da Chapeuzinho Vermelho e do lobo mau. Mas outras eram engraçadas e me faziam rir muito.

A Páscoa era uma data muito importante na nossa família; esperávamos ansiosos por ela. Minha mãe, sempre muito católica, fazia todos respeitarem a Quaresma. Os quarenta dias da Quaresma tinham Via-Sacra no interior. As Vias-Sacras eram feitas cada dia numa casa. A minha família toda participava. Eram quarenta dias sem bailes e sem festas. A Sexta-Feira Santa era um dia de jejum e reza; o silêncio tomava conta do nosso lar. Dona Valentina dizia: "Sem gritos, pulos e brigas entre irmãos. Nada!". Era silêncio.

Quando o Sábado de Aleluia chegava, o dia antes do Domingo de Páscoa, minha irmã Tainá nos fazia dormir cedo, "para o coelhinho vir". Ela falava que só dormindo num sono profundo o coelhinho vinha deixar algo no ninho. Nós dormíamos ansiosos. O dia amanhecia e, quando acordávamos, na cabeceira da cama tinha bolachas pintadas, casquinhas, cenoura com amendoim e um ninho cheio de muito amor e carinho. Quem preparava os ninhos eram minha mãe e a Tainá. Tinha até as pegadinhas do coelho. Minha mãe fazia as bolachas pintadas, com formatos de estrelinhas e bonequinhas. Para as meninas, eram pintadas de rosa, e para os meninos, de azul. Como não tínhamos bonecas de brinquedos, as bonecas de bolachas eram uma emoção para nós. As casquinhas dos ovos usadas nas bolachas eram decoradas e preenchidas com amendoim.

Quando eu já estava grande, queria descobrir se era o coelhinho mesmo que vinha trazer o ninho. Um dia fiquei acordada, fingi que estava dormindo e vi quando a minha mãe e a minha irmã se levantaram e conversaram, falando: "acho que já dormiram". E eu vi quando elas prepararam o ninho. No dia seguinte, eu falei que tinha visto duas coelhinhas, uma tinha um cabelão comprido e outra tinha um cabelo um pouco mais curto. Mas eu me arrependi de ter ficado acordada e de ter falado que as tinha visto, porque a minha irmã ficou muito braba e triste. Falou que, por havermos descoberto tudo e não acreditarmos mais em coelhinho, elas não fariam mais nada. Eu fiquei muito triste por ter decepcionado a minha irmã e porque era o dia em que tínhamos acesso a essas bolachas pintadas. Mas minha irmã e minha mãe eram muito amorosas e continuaram a fazer o ninho no ano seguinte. Na Páscoa seguinte, fui dormir triste, pensando que não teria mais ninho, mas para minha alegria acordei com um ninho recheado.

Quando o final de ano ia se aproximando, outra data especial chegava. Começavam as novenas de Natal. Eu gostava muito de ouvir falar do nascimento do Menino Jesus, de enfeitar o pinheirinho de Natal e esperar o Papai Noel. Ele trazia de presente um chocolate para cada um de nós. Era muito divertido: a família toda unida, celebrando a ceia de Natal. O Ano-Novo também era com todos juntos, para renovar as esperanças de um novo ciclo que se iniciava.

Nossa vida era simples, mas muito boa. Meus irmãos tocavam instrumentos musicais, como gaita, guitarra, pandeiro, bateria e violão. Um deles, o Davi, além de tocar violão, amava cantar. Minha irmã Tainá fazia dupla com ele.

Assim, animavam os aniversários. Todo fim de semana tinha alguma comemoração. Se não tivesse, virava um arrasta-pé também, pois se juntavam os vizinhos. Meus irmãos faziam serenata para o aniversariante da vez.

Às vezes eram vizinhos que moravam mais longe, e íamos de carroça. Eu adorava. Sempre tinha muita comida nessas festas. Era muito legal vê-los chegando de surpresa na casa, tocando e cantando, perceber a emoção da pessoa aniversariante que recebia esse presente. Era muito divertido.

Até hoje me lembro da música *Rosa Branca*. Era a canção que eu mais gostava de ouvir. Linda música, que até hoje me emociona e me faz recordar minha história. Havia outras músicas que eles cantavam e de que eu gosto até hoje, como *As Mocinhas da Cidade, Gaivota, Lembrança, Amor da Minha Vida, Fui na Casa da Morena, Calendário da Saudade, A Mais Feia da Sala que Sempre me Sobra, Baile de Rancho, Teu Desprezo* e *A Noite do Nosso Amor*. Dessas músicas minha mãe gostava também, mas a preferida dela era *A Menina da Aldeia*.

Havia também as festas nas comunidades. Esperávamos semanas por esses dias, e a família toda ia em conjunto. Era dia de refrigerante, que na época era chamado de gasosa. Refrigerante, churrasco, era muito legal. No dia de São João e aniversário do meu irmão Jorge, tinha festa e fogueira, que ele atravessava. Tinha música boa, cantada e tocada pelos meus irmãos, muita pipoca, quentão, pinhão e um pau-sabão com dinheiro na ponta. Eu tentava subir e pegar o dinheiro, mas não conseguia.

Infância... que tempo bom! Pena que não volta mais! Não temos muitas fotos, mas em nossas mentes não esqueceremos jamais. Difícil relembrar esses momentos felizes que marcaram nossa história e não se emocionar. As lágrimas rolam. Foram momentos maravilhosos que hoje só podemos recordar.

Mas nem tudo era alegria ou festa. Meus pais não tinham condições financeiras boas. Não tiveram nem estudo, pois todos os dias e o ano inteiro trabalhavam sem parar. Coisas faltavam dentro de casa, mas isso pouco me importava. Eu não ligava, porque o importante era que não faltava um sorriso em seus olhares. E sempre a união e o amor estavam presentes em nosso lar.

No inverno frio, minha mãe, cansada pelo dia de trabalho, fazia fogo no fogão à lenha para esquentar a água do nosso banho. Os colchões das nossas camas eram de palha e nós não tínhamos cobertor o suficiente, então ela também esquentava tijolos e os enrolava com panos para colocar em nossos pés na hora de dormir. E ficava tão quentinho!

Nossa casa, naquela época, era simples, de madeira, coberta de capim e de chão batido. Minhas irmãs Lara e Tainá varriam o terreiro e passavam um barro chamado argila por todo o chão da casa, que ficava bem lisinho. O fogão era um gipão de barro com uma chapa de ferro em cima. O forno de assar pão era de barro também. A minha mãe fazia um pão de milho muito bom. Eu ficava sentadinha esperando assar para comer bem quentinho. Eu me lembro que tínhamos uma barrica de barro para encher com água da mina, para assim filtrar e ficar mais fresquinha para consumo. Não tínhamos geladeira em casa.

A casa era simples, mas tinha um jardim lindo, pois minha mãe sempre gostou de flores. O temporal à noite muitas vezes descobria a nossa casa e molhava as nossas coisas. Quando vinham as tempestades, eu tinha medo e pedia para a mãe rezar para o temporal ir embora, e com toda a sua fé ela rezava conosco. Eu ficava no colo da mãe naquele gostoso aconchego, a tormenta ia passando e tudo se acalmando, e ficávamos todos bem.

O meu pai serviu no quartel. Eu gostava de ouvi-lo falar sobre esse período que ele passou por lá. Ele sempre falava que nós tínhamos de respeitar os mais velhos e que, quando fôssemos grandes, deveríamos trabalhar de forma honesta, correta e sempre fazer nosso melhor. Sábias palavras que carrego sempre comigo. Tento passar esse aprendizado também para os meus filhos.

Cresci vendo a vida sofrida da minha mãe, pois era difícil trabalhar e cuidar dos filhos e da casa. Mas ela fazia tudo com amor. Seu trabalho na lavoura era de plantar arroz, feijão, aipim, batata-doce, milho, amendoim e verduras. Além de cultivar e cuidar, na colheita ela carregava os sacos de milho nas costas e pastos destinados aos porcos e às galinhas. Ela cuidava das vacas, tirava o leite, tudo isso para nos alimentar. Eu via o amor que ela tinha nesses atos, mas percebia que ela ficava cansada, pois ela também socava arroz e canjica no pilão, à mão, e abanava arroz e feijão na peneira. Eu sempre queria ajudá-la. Com 4 anos, eu subia em um banquinho e ia lavar as panelas e os pratos; deixava tudo brilhando.

Minha mãe era muito religiosa e temente a Deus. Ensinava-nos a rezar e nos falava muito sobre Ele. Também nos levava para a igreja. Mesmo pequena, eu já rezava e orava muito, tinha muita fé em Deus e fazia promessas.

A minha família era o meu bem maior. A minha mãe era o meu bem mais precioso, a joia mais rara, o que eu tinha de mais sagrado na vida. Dizer o quanto a minha mãe significava para mim seria como contar as estrelas do céu e as gotas de água que formam o mar. Faltam-me palavras para uma declaração a essa grande guerreira, heroína. Eu precisava ver a minha mãe bem e sempre feliz, para eu ficar bem e feliz também. Eu não podia ver a minha mãe triste, porque eu ficava triste como ela. Quando ela ficava doente, eu fazia uma promessa para Deus de acender velas e pedir a Ele para que ela ficasse bem logo. E me ajoelhava no lado da cama, rezando até adormecer, quando era preciso alguém me deitar na cama – na maioria das vezes minha irmã Michele. Quando a mãe melhorava, eu pegava o meu banquinho e as velas e ia até o jardim acendê-las e rezar. Promessa paga, e eu feliz novamente.

Eu me lembro de uma vez quando houve um temporal e eu comecei a orar pela casa. Prometi para Deus que eu acenderia um pacote de velas se Ele não deixasse descobrir a nossa casa. Veio um vento muito forte, arrancou uma madeira, e eu me assustei. Orei mais e mais, sem cessar, prometendo mais um pacote de velas para Deus, e o vento parou na hora. No dia seguinte, fui com meu banquinho para o jardim, acendi os dois pacotes de velas e orei para Deus. Todas as promessas que eu fazia, eu não demorava muito para cumprir. Algumas vezes, as promessas eram de apenas orar; outras vezes, eram de orar e acender velas.

Aos poucos, as coisas iam se ajustando e melhorando. Com muito empenho, meu pai trabalhava na lavoura. Inclusive pegava empreitada fora de casa. E minha mãe cuidava da casa e dos filhos, mas também da lavoura.

Meus pais também conseguiram fazer uma casa grande, com salão de baile. Compraram um carro Pampa. Meus irmãos tocavam em bailes e festas da cidade.

Eu tinha orgulho da minha mãe e hoje me lembro, com emoção, de seu infinito amor de mãe por todos nós. Era um amor que tudo suportava e tudo aguentava calada, simplesmente por nos amar. Ela superava as grosserias do meu pai, a ausência dele, pois muitas vezes ele saía para trabalhar e ficava até 30 ou 60 dias fora de casa. Nesses períodos, a mãe ficava sozinha, virando-se com tudo, e dava o melhor de si pelos seus filhos.

Dona Valentina tinha o sonho de ver suas quatro filhas se casarem vestidas de noivas. A primeira a se casar foi a Tainá. Foi em 1981, com um vestido lindo de noiva. Eu e minhas irmãs Lara e Michele jogamos papeizinhos brilhantes nela quando ela chegou toda arrumada. Foi uma festa linda, com direito a baile, com a animação por conta dos meus irmãos. Divertimo-nos a noite toda.

Capítulo 2
SONHO DESTRUÍDO

Eu era uma criança feliz, cheia de sonhos, e fazia parte de uma grande família. Amava minha família, cada um de uma forma especial. Com meu irmão Davi era um amor diferenciado, especial. Era o irmão que eu mais amava e sei que eu era a irmã que ele mais amava. Eu me sentia feliz, segura e protegida por essa grande família.

Eu tinha quem me protegesse, mas não imaginava que algo terrível iria acontecer comigo, que alguém próximo me faria mal e arrancaria um pedaço de mim. Dessa forma, minha história ficou marcada para sempre. É uma parte difícil de descrever, mas vou tentar, sem identificar a pessoa que me fez mal.

Aos 6 anos de idade, um pedaço de mim começou a ser arrancado. Uma pessoa próxima da nossa família se aproximou e começou a me chamar para ir tratar os porcos com ele. Eu era uma criança ativa, gostava de ajudar e, claro, aceitava, pois não via mal algum. Meus pais deixavam, pois confiavam nessa pessoa também.

Fui algumas vezes com ele. Era muito legal. Ele ainda me dava balas, chicletes e chocolates. Ele falava: "Olha o que comprei para você. Você quer?". Que criança não quer doce? Assim, começou a me chantagear, falando: "Eu te dou, mas vamos fazer uma troca". Ali começaram os abusos. Uma pessoa conhecida, que estava sempre presente na minha família, em quem meus pais confiavam, e eu, com apenas 6 anos de idade, uma criança inocente.

Pensava que todas as pessoas eram boas e que essa pessoa nunca me faria mal algum. Mas ele já estava com tudo planejado, com os doces. Depois de ter abusado de mim, me proibia de contar a quem quer que fosse, fazendo ameaças e me comprando com os doces.

Ele também falava que ia me levar para passear de carroça, mas exigia que eu nunca contasse para meus pais nem para ninguém da minha família, pois ninguém poderia saber o que estava acontecendo. Ele falava que, se alguém soubesse, ficariam muito tristes e brabos com ele, e que poderiam até matá-lo. Para completar, ele fazia eu ter medo de que, se meus pais o matassem, eles iriam para a cadeia e eu nunca mais poderia vê-los.

Eu não entendia muito bem o que estava acontecendo, mas fiquei com medo de ver essa pessoa morta e meus pais na cadeia. Depois de ter sido abusada e ameaçada, entrei em casa e me sentei num cantinho com muita dor, triste, pensativa e com um punhado de doces nas mãos, sem vontade de comê-los. Perguntava-me por que eu tinha que passar por isso. Eu não entendia. Minha mãe estranhou e me perguntou: "O que você tem, Vitória?". Olhei para ela e passou um filme na minha cabeça, com aquela pessoa morta e meus pais na cadeia. Eu amava muito minha mãe; não queria que ela sofresse, nem vê-la na cadeia. Eu morreria de saudades. Então respondi a ela: "Nada, mamãe. Estou cuidando dos doces que ganhei".

Assim, me calei, e os abusos foram acontecendo... Aconteciam na ausência da mãe, enquanto ela ia na lavoura ou saía para fazer alguma coisa. Meus irmãos estavam na lavoura e não viam nada.

É difícil relatar isso. Tenho nojo. É repugnante. Mas os dias foram passando, e eu fui me dando conta do que estava acontecendo. Às vezes eu me sentia mal e precisava expressar o que estava acontecendo, e gritava de dores. Pedia para minha mãe rezar. O que me acalmava eram as orações e os chás de minha mãe. Os abusos aconteceram até o ano de 1983. Depois, essa pessoa arrumou uma namorada e logo foi morar com ela. Foi por mais de um ano que sofri com isso.

Finalmente eu estava livre, mas a minha cabeça ficou muito confusa. Eu ia à escola, mas não estudava direito. Comecei a me sentir suja, um objeto usado e jogado fora. Queria estar sempre com minha mãe. Preferia ajudá-la na casa, lavando louça, limpando a casa, lavando as roupas. Também cozinhava. Fazia pães, mas gostava mais de fazer doces, e fazia a sobremesa preferida de todos, Chico Balanceado.

Assim, minha vida continuava, e eu ia me superando. Mesmo com o abuso, me sentia uma criança feliz e continuava cheia de sonhos. Lembro o dia que meu irmão Emílio comprou uma televisão pequenininha, de quatorze polegadas. Ela funcionava com bateria, e eu gostava de ver meu programa preferido, da Mara Maravilha. Eu sonhava em ser cantora, como ela. Gostava também de ouvir rádio, as lindas canções e histórias tristes que o radialista contava me faziam pensar em como seria minha história. Quando, estava triste eu cantava; a minha voz me conectava com o universo, isso me acalmava. E sempre tinha em minha mente a ideia de crescer e ajudar minha mãe.

Sempre me comovi muito com a história de vida da minha mãe. Foram muitas dificuldades, marido ausente, criando 10 filhos. Mas Dona Valentina foi uma mulher forte, guerreira. Educou-nos muito bem e nos ensinou a sempre trabalhar e ser honestos.

Mas, continuando a história, meus irmãos começaram a namorar. Alguns se casaram. A Tainá já havia se casado, mas morava perto e sempre vinha nos visitar. Ela engravidou e teve seu primeiro filho, chamado Gerson, o meu primeiro sobrinho. Eu o amava muito e ajudava a cuidar dele. Eu e Arthur ficávamos semanas inteiras na casa dela, cuidando do pequeno Gerson.

Arnaldo também se casou, em seguida. Depois o Davi, o Jorge e a Lara... Restavam em casa eu, Arthur, Emílio e Michele. No ano de 1986, Michele se casou; então ficaram em casa o Arthur e eu, com meus pais e o Emílio, que não parava muito em casa. No ano seguinte, em 1987, ele também se casou, aos seus 29 anos de idade. Então, ficamos Arthur e eu em casa com nossos pais.

Embora todos os meus irmãos tenham se casado, a família continuava unida. Éramos um por todos e todos por um.

No mesmo ano do casamento de Emílio, eu, com 11 anos, comecei a catequese para a Primeira Comunhão.

O catequista era bom e nos explicava muito bem sobre o amor de Deus por nós e sobre os Mandamentos de Deus. Explicou que Ele entregou seu único filho, Jesus Cristo, para morrer na cruz por amor a nós... Também nos falava sobre a Virgem Maria, a mãe de Jesus, que obedeceu a Deus. Ao ouvir falar sobre o amor de Jesus e de Maria por nós e entender, aquilo tudo foi mexendo comigo. Foi naquela época que pensei em ser freira.

Então chegou o dia da missa de confissão com o padre, para passar à comunhão. Eu me confessei sobre o abuso que sofrera quando era menor. O padre me perguntou se eu tinha contado para meus pais, eu disse que não. Então ele falou: "Já que não contou até hoje, permaneça calada. Eu vou orar por você. E que Deus te abençoe". Minha Primeira Comunhão aconteceu, e participei da Primeira Eucaristia.

Em 1988, comecei a me preparar para a Crisma e me dei conta de que aquele homem que abusou de mim havia destruído um sonho meu, aquele sonho que toda a jovem tem de encontrar um amor, se apaixonar e se entregar pela primeira vez. É um conto de fadas com o qual toda menina sonha. A tristeza tomou conta de mim. Eu não sabia o que fazer. Parecia que tudo estava perdido para mim. O sonho de ter um príncipe encantado, uma casa, formar uma família, ter alguém que me protegesse... tudo isso parecia ter sido destruído.

Esse segredo me sufocava cada vez mais. Eu já não podia mais guardar só para mim. Ao mesmo tempo, ia trazer sofrimento à minha família. Estava muito confusa. Dentro dessa confusão comigo mesma, tomei a decisão de ser freira.

Foi então que falei para minha mãe: "Eu quero ser freira. Não quero me casar, ter família. Eu quero ser freira. Quero servir a Deus. Agora que eu estou indo na catequese, eu acho tão bonito ouvir falar no amor de Deus, de Jesus e da Virgem Maria!". Minha mãe, sem entender nada, me disse: "Deixa de ser boba, menina". E completou: "As freiras têm que ser mulher dos padres". Então, pensei, não tem saída para mim; vou ficar por aqui mesmo. Mas não saía da minha cabeça o fato de ter sido abusada, a dúvida de por que isso tinha acontecido comigo. Sentia-me suja, um objeto usado e jogado fora. Aquilo me incomodava, mexia muito comigo e me deixava muito triste.

Eu continuei a ir à catequese para a Crisma. Passei a Crisma. E eu já era quase uma mocinha quando minha mãe veio conversar comigo para me explicar que eu iria ficar mocinha, que iria me interessar por rapazes e eles por mim. Minha mãe frisou que eu não deveria namorar muito nova, mas sim esperar meus 18 anos, ou pelo menos até os 16 anos. Orientou-me sobre não me entregar logo para um namorado, que precisava conhecer bem o rapaz antes disso, saber se era para casar, namorar, ou apenas um rolo, um *ficante,* como falam hoje em dia. Ela falou que precisava me guardar para o casamento, e isso me deixou confusa, com vergonha, pensativa, pois ela estava me dando dicas tarde demais.

Eu gostava de sair com as minhas amigas. Para festas, conhecer pessoas diferentes. Todas tinham o mesmo sonho de encontrar o primeiro amor. Mas tinha uma tristeza que me acompanhava e que ficava na minha cabeça como um chiclete. Por que aquilo tinha acontecido comigo? Por que tão nova passei por uma situação de abuso? Por que ele, este homem, fez aquilo comigo? Aquela pessoa destruiu meus sonhos e minha vida, e não achava solução ou resposta para essas perguntas.

Voltei a pensar em ser freira e novamente fui falar para minha mãe sobre esse meu desejo de ir para um convento. Ela não voltou a repetir que as freiras têm que ser mulher dos padres. Minha mãe não entendia essa minha vontade. Conversava com os amigos próximos, questionando o que poderia ter acontecido para eu querer algo assim.

De fato, admirava-me o amor de Jesus por nós e me encantava ver as freiras... mas, na verdade, não sei se era ser freira o que eu queria. No fundo, eu queria mesmo era não ser mais tocada por ninguém, ter meu corpo só para mim, me esconder atrás do abito, ou seja, das vestes religiosas. Mil coisas passavam pela minha cabeça, do tipo "ninguém vai me querer" e "se eu arrumar um namorado, o que eu vou falar? Não posso contar que não sou mais virgem porque um homem abusou de mim". Eu queria sumir do mapa! Então, comecei a falar que nunca iria me casar, que eu ia ficar solteira para cuidar da minha mãe quando ela fosse velhinha. Mas isso também foi impossível. Eu era uma jovem bonita e atraente. O tempo passou...

No ano de 1990, eu fiz 15 anos. Conheci um rapaz: seu nome era Roberto Resende. Eu e Roberto iniciamos um namoro que durou um ano e alguns meses. Eu era muito insegura. Tinha muito medo de ser abandonada por ele, pelo fato de ele não ser meu primeiro homem. Eu não sabia como explicar isso para ele. Era meu primeiro namorado, meu primeiro homem também. E eu era uma criança na época. Mas por que tanta culpa? Como iria contar isso para ele? E se ele contasse para minha família? Isso ia ser horrível para eles, principalmente para minha mãe. Até tinha dúvida se acreditariam em mim... Não era fácil lidar com tantos sentimentos e emoções.

❖ Filho primogênito

Em 1992, dois anos após o começo do nosso namoro, eu tive minha primeira relação com ele, e o que eu temia aconteceu: Roberto se afastou de mim. E, para minha surpresa, eu engravidei na primeira relação. Fiquei com muito medo. O que eu faria grávida? Eu tinha esperança de que Roberto voltaria a me procurar, mas ele não apareceu, e eu também não quis procurá-lo. Mas como contar isso para os meus pais? Não sabia se eles iriam me aceitar grávida, mas uma certeza eu tinha: iria ter meu filho, custasse o que custasse. Eu já amava aquele bebê que ainda nem conhecia, mas sentia. Sentia que seria um menino, o primeiro filho, meu primogênito. E isso, esse bebê, me deu forças para seguir em frente.

Eu escondi a gravidez por três meses, mas não dava mais para continuar escondendo. Meu irmão Jorge era amigo do Roberto. Como eles se conheciam, eu contei para ele. Eles jogavam futebol juntos. Num determinado dia, meu irmão chamou Roberto para conversar, contando que eu estava grávida dele.

Roberto se prontificou a se casar comigo, e assim foram iniciados os preparativos para o casamento. Em março de 1993, nos casamos. Eu estava no quarto mês de gestação e esperávamos ansiosos a chegada de Emanuel. O nome Emanuel significa Deus está conosco. Naquela época, não havia ecografia para saber o sexo do bebê, mas eu sentia que era mesmo um menino. No sétimo mês de gestação sonhei com seu rostinho e ele estava todo de azul.

Em minha gestação, do primeiro até o quarto mês, tive muito enjoo e passava muito mal. Tudo o que comia não parava em mim, eu vomitava. A única coisa que eu gostava e podia comer à vontade que não vomitava era melancia. Quem comprava melancia para mim era meu pai, o seu Damião. Mas isso durou apenas por esses primeiros meses; depois passou.

A minha mãe havia dito para que eu rezasse a Deus para que me abençoasse na hora do meu parto. Falou para rezar para o Santo do Bom Parto. Rezei muito. Orava pedindo que tudo ocorresse bem na minha gestação e na hora de o meu filho nascer. Rezei para que meu bebê tivesse muita saúde.

Naquela época, eu e Roberto morávamos no interior com a minha sogra e o meu sogro. Um dia antes do nascimento do meu filho, eu fui para a cidade de Foz do Iguaçu, na casa da minha irmã Michele, para esperar o nascimento do meu filho. Minha mãe foi me visitar na casa da minha irmã.

E, naquele dia, 21 de julho de 1993, às 13h, eu senti minhas primeiras contrações. Não pensei que já estivesse dando à luz, porque a previsão era só para o dia 29, mas as contrações foram aumentando e, às 14h30min, minha irmã e eu nos arrumamos para ir ao hospital. Ela deixou seus dois filhos, de 3 e 4 anos de idade, Rafael e Ronaldo, com minha Mãe para irmos ao hospital.

Lembro que ela quis pedir um táxi, mas eu, com pouco dinheiro, queria ir de ônibus. Assim fomos. Quase dei à luz ali, no ônibus, mas conseguimos chegar ao hospital. Quando cheguei na porta do hospital, já não estava conseguindo andar, e a recepcionista nos mandou direto para a sala de parto. Então, minha irmã voltou para a recepção para fazer a minha internação. Enquanto isso, a enfermeira me avaliou e disse que a dilatação estava completa, que já ia nascer. Em poucos minutos, com apenas uma força, eu dei à luz. A enfermeira me perguntou se eu sabia se era menino ou menina. Respondi que não, mas que achava que era um menino, que senti isso durante toda minha gravidez. Ela sorriu e me disse: "Você acertou! Um lindo menino".

Nesse tempo em que minha irmã fazia a ficha, meu Emanuel nasceu. Minha irmã estava preocupada, chorando, e a enfermeira acalmou-a, dizendo que meu bebê já estava no banho e que logo poderia conhecer o sobrinho e me ver também. Pouco tempo depois, eu estava no quarto, e minha irmã estava me esperando. Ela não acreditava que tivesse sido tão rápido.

Tenho certeza de que Deus ouviu todas as minhas orações, pois foi mesmo um parto rápido, feliz, com pessoas de luz à minha volta. Eu me orgulho de contar essa história, do nascimento do meu filho, no dia 21 de julho de 1993, às 17h15min, com apenas 2,6 kg, lindo e saudável. Naquele dia, eu renasci também. Ele foi batizado como Emanuel Resende Brasão, meu amado filho. Sempre agradeci a Deus por tê-lo mandado com saúde.

Meu bebê era encantador, mas minha vida conjugal não estava muito bem. Roberto e eu éramos muito jovens, e Roberto queria levar uma vida de solteiro, sair para festas, jogar futebol, pescar. Ele fazia meu passado voltar, me cobrava por eu ter apenas 15 anos e não ser mais virgem naquela época, por não ter sido meu primeiro homem. Roberto também me traía com outras mulheres. Foi se tornando insuportável viver com ele. Brigávamos muito. Até que numa dessas brigas ele me agrediu. Isso foi em 1994; naquele dia, decidi me separar.

Fui embora para a casa de meus pais, que naquela época estavam morando na cidade de Foz do Iguaçu. Deixei tudo para trás, levando apenas o que era importante para mim, meu filho. Ele estava com 1 ano e 4 meses, muito pequeno. Tive muito medo, medo do novo recomeço.

Pouco tempo depois, ainda na casa dos meus pais, consegui um emprego de doméstica numa casa de família. No período em que eu trabalhava, minha mãe ficava com meu filho. Meus pais não trabalhavam mais. Tinham quase 60 anos e estavam esperando para se aposentar. Isso levou mais uns cinco anos para acontecer; nesse tempo, até eles se aposentarem, eu era a responsável por trazer comida para casa. Eu lembro que ganhava um salário mínimo e o dinheiro do transporte. Mas eu não usava o transporte; ia e voltava caminhando todo dia, pois assim tinha dinheiro para comprar leite, iogurte ou bolachas para meu filho. Meu salário não era o suficiente, pois as despesas em casa eram muitas, e era tudo comigo.

Meu ex-marido, pai do Emanuel, vinha visitar o filho, mas parecia que usava a visita ao filho para me pedir perdão e para que eu voltasse para ele. Pensando que tudo poderia ser mais fácil, eu decidi dar uma chance ao pai do meu filho, o que durou cinco meses.

Tentamos, mas não deu certo. Roberto continuava a visitar o filho uma vez ao mês e, nesses dias, ele sempre tentava novamente fazer com que eu voltasse para ele. Mas, no ano de 1997, quando Emanuel tinha 4 anos, Roberto sumiu e nunca mais foi ver o filho, nem pagava pensão. Meu filho, pequeno, sentia saudades do pai, queria vê-lo, pedia por ele. Cortava-me o coração ver meu filho triste. Minha mãe também se sentia triste com a situação, e levava Emanuel para ver o pai.

Como era tudo difícil, o dinheiro contado e meu filho precisava de comida, ingressei na Justiça para que Roberto pagasse a pensão do filho. Ele se comprometeu a pagar R$ 50,00 por mês, mas o fez uma única vez, e nunca mais. O advogado me pediu o endereço dos avós paternos, pois iria cobrar dos avós, descontando diretamente da sua aposentadoria, mas eu não quis. Não achei justo cobrar dos avós.

Decidi criar meu filho sozinha, sem pensão, com a ajuda da minha mãe, que cuidava do meu filho enquanto eu trabalhava e nos sustentava. Minha mãe e eu criamos meu filho, Emanuel, com muito amor e carinho. Sempre procurava dar a ele tudo que podia, pois queria compensar de alguma forma aquela ausência do pai.

✤ O terrível espinho do pecado

No ano de 1998 eu mudei de emprego. Não trabalhava mais de doméstica, mas como garçonete num restaurante. Lembro que trabalhava das 9 às 16h, tinha um intervalo até as 18h, e voltava a trabalhar até a meia-noite. Era de domingo a domingo, sem feriado. As folgas aconteciam no meio da semana. Era puxado, mas eu precisava disso para criar meu filho e ajudar minha mãe.

Nossa casa era muito velha, caindo aos pedaços. Nos dias de chuva, então, molhava tudo, pois tinha goteiras enormes. As chuvas eram comuns e intensas, alagando tudo. Minha mãe usava botas dentro de casa, e meu filho ficava sobre um sofá até a água baixar. Perdemos muitos móveis, pois a água tomava conta muito rápido; não dava tempo de tirá-los ou erguê-los. Minha mãe tinha o sonho de reformar essa casa e ter um lar digno para viver. O sonho dela virou o meu. Eu queria conquistar isso, reformar a casa para minha mãe.

Comecei a trabalhar mais e mais, pois queria mudar nossa vida, melhorar nossa casa. Era dia e noite de trabalho puxado. Mas, no meio disso tudo, eu tinha que aproveitar minha vida também; afinal, era jovem. Foi então que me envolvi com outra pessoa. Tivemos um namoro rápido, e eu engravidei. Ele me abandonou assim que soube da minha gravidez. Eu fiquei com um filho pequeno, grávida e abandonada. Eu não sabia o que fazer; minha mãe também dependia de mim. Eu contei a ela, que me ajudou a tomar uma decisão. Tomei a pior decisão da minha vida: fiz aborto. Eu me arrependi logo e comecei a me punir, me torturar, querer o perdão de Deus. Em memória daquela criança, eu decidi que não teria mais filhos. Eu sabia que não merecia o perdão, não tinha perdão para o que eu fizera.

Voltei a focar no trabalho para dar uma vida confortável para meu filho e para minha mãe, mas aquele pensamento, aquela culpa, aquele remorso, me acompanharam o tempo todo. Tentei outros relacionamentos, mas nenhum dava certo. Era grata a Deus por ter minha mãe e meu filho com muita saúde, mas carregava comigo uma culpa muito grande. Não conseguia mais ser feliz, chorava muito, e pensava que não merecia mais ter filhos, muito menos formar família. Eu tinha que criar meu filho e esperar meus netos.

Comecei a ir para festas em alguns fins de semana. Fazia isso para aliviar meu sofrimento, minha tristeza. Mas aquilo nunca me ajudou; muito pelo contrário, no outro dia, a dor e a tristeza eram maiores. Conheci um novo rapaz, com quem namorei por quase quatro anos. Ele queria ter filhos, mas eu não, pois continuava a acreditar que não merecia. Não merecia nem o perdão de Deus; eu me condenava. Questionava: por que minha vida é assim? Qual é meu ensinamento? Por que Deus estava me fazendo sofrer? Por que tudo estava dando errado? Esse meu namorado era uma pessoa de família, trabalhador; queria formar uma família, queria ter filho. Mas eu não havia me perdoado; aquela culpa em mim pelo aborto cometido não me deixava viver.

Esse meu relacionamento era um pouco abusivo. Ele era muito ciumento e acabava me sufocando. Eu não conseguia tolerar certas coisas e decidi romper.

❖ Experiência com Deus

Os anos iam passando e minha vida continuava sendo trabalhar e cuidar do meu filho e da minha mãe. Aos domingos, uma vez ao mês, saía para me divertir com minha amiga. Cansada dessa rotina de festas, trabalho e relacionamentos abusivos, resolvi me voltar para Deus, tirar um tempo exclusivo para Ele.

Ele sempre esteve comigo. Desde criança, sempre tive muita fé em Deus e no nosso Senhor Jesus. Foi então que Dona Lídia, minha chefe do restaurante, e seu Valter, seu esposo, me fizeram um convite. Convidaram-me para ir a um retiro que aconteceria da sexta-feira à tarde ao domingo à tarde. Pensei: eles são um casal muito religioso, vou aceitar e ir a esse retiro. Vou tirar esses dois dias para ouvir e falar de Deus. Preciso de uma resposta para tudo isso que está acontecendo comigo. Decidi então largar tudo, deixar meu filho e minha mãe nas mãos de Deus. Nesses dois dias em que eu estava nesse retiro, queria que meus pensamentos fossem somente para Deus. Queria entender um pouco de Deus, dos meus pecados, do aborto cometido; precisava de uma resposta para tudo e principalmente saber se haveria perdão e se eu era merecedora do perdão de Deus.

Foi um retiro maravilhoso. Os pregadores e palestrantes eram espetaculares; falavam muito do amor de Deus. Eu me concentrei em tudo, desde o começo, pois queria ouvir e falar de Deus, queria ouvir mais sobre Jesus, que tanto fez por nós, por amor a nós. Eu queria entender sobre pecado e perdão, o céu após a morte, como seria a vida eterna, se eu morreria, se iria para o inferno ou se haveria perdão para mim nos momentos de orações. Eu orava em silêncio, conversava com Deus e fazia perguntas, e queria respostas.

Os palestrantes começaram falando sobre como foi a vida de Jesus desde o nascimento até a sua crucificação pelos nossos pecados. Fiquei muito comovida com tanto amor que Deus teve por nós enviando o seu filho Jesus para morrer na cruz por nossos pecados. Uma das perguntas para Deus era sobre os católicos e as imagens de escultura, então Deus me fez entender que a maioria dos católicos pedem intercessão através das imagens às pessoas que fizeram o bem, como Maria, mãe de Jesus, que obedeceu ao chamado de Deus. "És aqui a serva do Senhor, faça-se em mim segundo a tua palavra" (Lc 1,38). Mesmo sem compreender totalmente o que Deus esperava dela, colocou-se como serva (*doulê*) e se mostrou disposta a abraçar o que se lhe pedia, como também o fizeram os apóstolos, entre outros. Mas entendem que só Jesus é o Salvador. Em Efésios 2:8-13 – "porque pela graça sóis salvos, mediante a fé, e isso não vem de vós; é dom de Deus; não de obras, para que ninguém se glorie" –, a graça de Deus é um favor imerecido que Ele dá a quem tem fé em Jesus Cristo. Porque só Jesus Cristo é o grande preservador e salvador de seu povo. Também houve um momento em que os pregadores, na hora da oração, diziam que o Espírito Santo de Deus estava ali e estava perdoando muitos jovens que tinham cometido crimes e garotas que tinham cometido aborto. Os palestrantes oravam e oravam, mas eu não me perdoava, eu não conseguia me perdoar. Nas orações que faziam, eles insistiram: "Deus está perdoando, mas há uma jovem aqui que Deus já perdoou, só que ela não consegue se perdoar, não aceita que teve o perdão". Eu sofria tanto que não me perdoava, mas os pregadores continuavam a insistir: "Deus está perdoando jovens que cometeram aborto, jovens rapazes que foram para a vida do crime, Deus está perdoando". Havia muitos jovens com drogas, com maconha no bolso, que quando sentiram a presença do Espírito Santo foram todos até o altar e entregaram as drogas que tinham levado consigo.

Pensava: "Se Deus foi tão maravilhoso e Jesus passou por tudo isso na cruz, eu não mereço perdão". Eu me sentia o pior dos marginais, porque havia cometido o pior dos crimes, porque era um aborto, uma criança que estava no meu ventre, que não tinha como se defender. Os pregadores continuavam a orar e orar e a falar: "Há uma jovem que não se perdoa; Deus está te dando perdão, mas você não se perdoou".

Até que, então, eu aceitei o perdão. Mas, pensei: "Se Jesus está me perdoando por esse aborto, é porque ainda não tinha uma vida aqui. Não pode ter perdão para um crime desses. Onde será que ficou aquele feto? Foi para o pó? Não deveria ser ainda uma criança para eu ter merecido o perdão e ter sido perdoada". Isaías 1:18 "Embora os seus pecados sejam vermelhos como escarlate, eles se tornarão brancos como a neve; embora sejam rubros como púrpura, como a lã se tornarão".

Eu fiquei maravilhada com tanto amor de Jesus por nós. No domingo, depois do almoço, indo para o final do retiro, os pregadores pediram que todos fechássemos os olhos e imaginássemos que Jesus estava trazendo algum ente querido nosso que já morreu e de quem sentíamos saudade. Havia jovens ali que tinham perdido pai e mãe e não se perdoavam, sentindo muitas saudades.

Quando o palestrante falou: "Feche seus olhos, imagine que Deus, que Jesus está trazendo, em um jardim lindo, a sua mãe que já morreu ou seu pai que já morreu ou o irmão ou alguém que você ama que já partiu". Eu debrucei a minha cabeça e pensei: "Jesus não tem ninguém para trazer pra mim. O meu irmão que faleceu, eu nem conheci. Meus pais, os dois estão vivos. Eu não vou ver ninguém ali".

Mas, concentrada em Deus, com os olhos fechados, pensando que não veria ninguém, eu vi que descia do céu, em um lindo jardim, com uma grama que parecia um tapete, uma linda menina com um belo vestido branco e de cabelos cacheados lindíssimos, de aproximadamente 4 a 5 anos de idade. Aquela menina ficou acariciando as flores. E eu pensei: "Meu Deus! Esta menina é a filha que eu abortei, porque ela teria esse tamanho se eu não tivesse cometido o aborto". Eu vi que aquela criança Deus levou com Ele, e era um anjo no céu. Chorei muito. Chorei desesperadamente. Fiquei muito emocionada com aquela visão. Era surreal, sobrenatural, lindo demais. Então eu pude ver que Deus me mostrou que eu cometi um aborto, sim, e que aquele feto não tinha virado pó. Ele a tinha recolhido, ela estava com ele num jardim. Eu passei a chamá-la de anjinha. Aí pensei: "Um dia vou me encontrar com ela, o céu existe, Deus existe, Jesus morreu por nós para o perdão dos nossos pecados; ele me havia perdoado e me mostrou".

Ali, naquele retiro, eu tive uma experiência maravilhosa com Deus, inesquecível, que vou carregar comigo para o resto de minha vida. Saí cheia do Espírito Santo, renovada e mais disposta a viver para meu filho e minha mãe.

Mesmo tendo sido perdoada, não queria mais ter filhos. Queria viver a minha vida para meu filho e minha mãe, cuidar bem dos dois e esperar até chegar o dia da minha morte, para, então, rever aquela criança que eu havia visto naquele jardim, me encontrar com ela e pedir perdão a essa anjinha.

Saí do retiro com um único objetivo, o de dar uma casa nova para minha mãe, trabalhar e ajudá-la. Esperar meu filho crescer, se casar e me dar netos. No decorrer do retiro, eu recebi vários cartões do meu filho e da minha mãe, de familiares e amigos. A cada cartão que eu lia, eu chorava muito. Naquela época, meu filho estava com 10 anos de idade, e eu estava voltando para a vida, uma nova vida. Era o início de um novo ciclo.

Ao chegar em casa, minha mãe, meu filho e meus irmãos estavam me esperando com um churrasco. Foi muito bom. Logo no outro fim de semana, ocorreu um *show* com o grupo Enredados, da emissora de televisão Canção Nova. O Padre Fábio de Melo era um dos integrantes do grupo; não lembro os nomes dos outros. Grupo lindo, que adorava a Deus e orava. Eu amei aquele *show*. Passei a ser fã do Padre Fábio e a acompanhar o canal Canção Nova, que era um canal de adoração a Deus. No decorrer desses anos, tem sido um canal de muitas bênçãos e milagres na minha vida.

Os dias iam passando, e eu continuava a trabalhar duro para realizar o sonho da minha mãe. Queria reformar a casa para que pudéssemos viver em paz e para que eu cuidasse dela até o fim de sua vida, pois ela já tinha me escolhido para isso. Dizia que, entre os nove filhos, ela só moraria comigo.

Eu era uma mulher muito bonita. Mas, parecia que era só um corpinho bonito e sensual e que todos iriam ficar comigo só por um tempo. Não sei, talvez eu pensasse dessa forma por causa do abuso, por ter sido abandonada grávida e pelo aborto cometido. Talvez eu não me permitisse ter um relacionamento sério, pois, na minha cabeça, não deveria ter mais filhos e sentia como se estivesse traindo aquela criança que não aceitei. Em homenagem a ela, ou em memória dela, da anjinha, não queria mais ter filhos. Pensava que ela não iria me perdoar por não querê-la e depois ter outros filhos; então eu continuava com o mesmo pensamento de não ter mais filhos.

Meu filho Emanuel era muito ciumento e queria escolher meus namorados. Mas, para mim, eu não daria certo com nenhum homem. Um belo dia, conversando com uma amiga, ela me falou: "Você é tão bonita! Para que ficar perdendo tempo com namorado relacionando-se de graça? Você pode ganhar muito dinheiro fazendo programas". Aí eu pensei: "Nossa! Que nojo! Nunca". Sempre tentei levar uma vida correta, apesar de muitas coisas darem errado. Aquilo seria o fim para mim. Mas ela insistia: "Deixa de ser boba. Prostituta e puta é a mesma coisa; a única diferença é que você vai ganhar dinheiro. Puta dá de graça e prostituta cobra". Falei que não queria, que não levava jeito. Ela, com palavras fortes, querendo muito me convencer, disse: "Mas para ser usada e enganada ao sair com esses namorados de graça você leva jeito. Você pode muito bem cobrar. Você vai poder ajudar muito mais a sua mãe, dar a casa que ela sonha e ajudar mais seu filho". Eu queria muito dar essa tão sonhada casa para a minha mãe. Aquilo foi entrando na minha mente e foi tomando conta dos meus pensamentos; era uma maneira de eu levantar uma grana rápido, e eu pensei: "Para quem já está cagada, vai ser mais um peido apenas".

Essa minha amiga trabalhava como garçonete comigo e fazia programas em fins de semana. Um dia, no trabalho, ela me falou que estava começando um congresso de medicina na cidade e me convidou para sair com ela. Falou que seria uma semana boa para conhecer pessoas novas. Combinamos de sair na nossa folga. Avisei minha mãe e meu filho que iria dormir na casa dessa amiga, pois iríamos sair e voltaríamos mais tarde. Minha mãe falou que não tinha problema e que era para me cuidar. Lembro as palavras dela: "Filha, vai, mas se cuida. Vai com Deus então".

Fui para a casa dessa minha amiga. Começamos a nos arrumar. Ela me ajudou na maquiagem e falou: "Vamos para a guerra. Escolha seu nome, pois você não precisa dar seu nome verdadeiro". O nome que ela se deu foi Juliana, mas me disse para chamá-la pelo apelido, Nanda. Eu, meio sem jeito, escolhi Yasmin.

Fomos para a noite, ou para a guerra, como ela chamava. Em poucas horas, ganhei o que ganhava trabalhando o mês inteiro. Nunca tinha ganhado tanto dinheiro. Mas eu não queria essa vida. Eu não levava jeito para aquilo, mas o dinheiro era importante. Depois desse congresso, teve outro, das motos Yamaha, e muitos mais.

Eram jovens e velhos... No começo não foi tão ruim, mas o tempo foi passando e eu fui me dando conta de que estava trilhando um caminho escuro.

Conheci muitas mulheres, jovens como eu, que estavam fazendo pelo mesmo objetivo que eu, para ajudar suas famílias, mães, filhos. Outras, porque também eram muito pobres e queriam pagar uma faculdade; então a prostituição ajudava a pagar os estudos. Havia também as que queriam dinheiro para manter seu vício nas drogas. Era triste de ver, pois elas usavam todo o dinheiro para isso.

Observando esse mundo ao meu redor, comecei a pensar muitas coisas. Foi passando um filme da minha vida na minha cabeça. Abuso aos 6 anos, criando um filho sozinha, enganada várias vezes, relacionamentos abusivos, aborto...

Não pensei que seria um pecado tão grave me prostituir, mas me dei conta de que prostituição e adultério são graves pecados. Comecei a me sentir suja, um objeto, um rosto bonito, um corpo bonito. Usa, paga e tchau. Sentia-me morta por dentro e viva apenas do lado de fora do meu corpo. Tive um cliente fixo que me ajudou muito. E sempre me falavam que era para eu arrumar um homem para casar, constituir uma família, que não tinha nascido para aquela vida.

Durante os três anos em que me prostituí, homens bons passaram por mim. Alguns só queriam companhia, conversar, e me desejavam tudo de bom e que eu encontrasse o meu caminho. Nesse caminho escuro que eu trilhei, vivi momentos em que chorei e em que sorri. Meus momentos de alegria eram quando voltava para casa para ver meu filho e minha mãe e por poder proporcionar coisas boas para eles.

Uma noite, muito cansada de tudo aquilo, eu decidi parar, sair daquela vida. Orei e falei com Deus: "Meu Deus, não quero mais essa vida. Eu quero mudar minha vida, minha história. Se Jesus morreu na cruz por nossos pecados, para nos libertar do pecado, por que eu estou no pecado? Tem que haver um jeito, uma saída. Senhor, me ajude, me perdoe mais uma vez. Senhor, passe na minha frente, me conduza em cada caminho que eu for trilhar a partir de hoje. Que eu encontre um homem sério, trabalhador e honesto. Se ainda houver uma oportunidade para eu constituir uma família, eu quero. Senhor, coloque um homem na minha vida, mas que seja um homem que vai me amar e me respeitar". Mas, ao mesmo tempo, eu pensava que ninguém iria me querer depois de todo esse passado. Mas Deus escreve certo por linhas tortas. Ele conhecia meu coração, porque Deus é o único que conhece o nosso coração, nossos sentimentos. Fiz esse pedido para Deus e fiquei pensando: "Mas isso é impossível para mim. Não existe mais homem honesto, um amor verdadeiro". Passei a frequentar mais a igreja.

O tempo passou. Emanuel já era um adolescente. Um dia, ele olhou para mim e me falou, que iria começar a namorar uma menina da sala de aula dele. A menina se chamava Isabela. Ele perguntou se podia namorá-la, eu autorizei diante da autorização da família. Eles começaram a namorar. Estava tudo bem. Emanuel e Isabela iam para a igreja, saíam a passear e sempre voltavam na hora certa.

Nessa época eu conheci o Augusto. Quando eu olhei o Augusto pela primeira vez, eu pensei: "Meu Deus, que homem mais charmoso e elegante. Um homem assim eu queria para mim, mas com certeza deve ser casado". Augusto tinha um jeito de homem casado. Ele recentemente havia se separado.

Capítulo 3
UMA CHANCE PARA O AMOR

Ano de 2008, dia 16 de novembro, um domingo, dia em que meu filho Emanuel seria crismado. Meu filho estava muito feliz. Ele já tinha escolhido meu irmão Arthur como padrinho, pois ele era um tio de quem Emanuel gostava muito. Minha mãe e eu reunimos meus irmãos para comemorar esse dia especial para meu filho, e com certeza também muito especial para mim e para minha mãe. Mas o que eu não imaginava era que naquele dia minha história mudaria.

Enquanto eu me arrumava para irmos à missa da cerimônia da Crisma, chegou uma visita inesperada. Era um homem que mudaria radicalmente a minha história de vida para sempre... O nome dele era Augusto.

Augusto era um primo distante que eu não conhecia. A mãe de Augusto, Dona Juliana, pediu para ele nos procurar, pois ela queria notícias de seu irmão, que era meu pai, o seu Damião. Augusto estava com pressa, mas minha mãe pediu para ele esperar e me conhecer.

Eu demorei muito para ficar pronta, e Augusto se levantou para ir embora, dizendo que tinha um compromisso para o qual não podia se atrasar. Minha mãe pediu para ele esperar mais um pouco, que ela ia me buscar. Então ela me apressou várias vezes, dizendo que ele tinha pressa, que iria embora, que seu telefone tocou chamando-o para o compromisso. Depois de muita insistência, falei que estava indo e saí a passos lentos para conhecer Augusto.

Ele já estava mesmo em pé para ir embora. Quando olhei para ele, pensei: "Uau! Que homem maravilhoso! Um homem assim eu queria para mim". Minha mãe me apresentou para Augusto dizendo: "Esta é a Vitória, minha filha mais nova". Nós nos cumprimentamos e ficamos em pé olhando um para o outro sem saber o que falar.

Mais uma vez, Dona Valentina tomou a iniciativa, dizendo: "Convida ele para ir junto à missa". Eu pensei: "Ai, meu Deus, vou levar um fora, porque ele está com pressa", mas também pensei: "Vou arriscar, porque quem não arrisca não petisca". Convidei-o, então, e já justifiquei que, se ele não pudesse, não teria problema, pois sabia que ele tinha pressa de ir embora. Naquela hora, a pressa sumiu, e ele desmarcou seu compromisso. Ele até falou que fazia tempo que não ia na igreja, que estava precisando ir rezar um pouco. Convite aceito, ele foi à missa e depois à comemoração. Acabamos saindo para dançar à noite. Depois, fui para a minha casa e Augusto foi para a dele.

Passada uma semana, Augusto apareceu na minha casa novamente. No início, eu não queria um envolvimento com ele, por sermos primos. Também por já não confiar mais em homem. Mas Augusto passou a frequentar seguidamente a minha casa, eu que já tinha me apaixonado na primeira vez que o vi. Com a convivência, nos apaixonamos de verdade.

Augusto morava no Rio Grande do Sul e vinha para Foz do Iguaçu. Esse período durou seis meses. Sempre que ele vinha, ficava hospedado em um hotel. Minha mãe, um dia, observando essa situação, questionou por que eu não o convidava para vir morar conosco. Augusto já tinha me convidado para ir morar com ele no Rio Grande, mas eu não havia aceitado, pois não queria sair de perto de minha mãe e de meu filho.

Então, decidi conversar com Augusto e explicar que minha mãe e meu filho estavam em primeiro lugar na minha vida e que minha mãe sugerira que ele viesse morar com a gente. Augusto aceitou e disse que iria assumir meu filho e ajudar com a minha mãe. Ele ainda falou que, assim como ele, eu também tinha um passado, e o passado ficaria para trás; o que vale é o presente e o futuro. Augusto falou da importância dos filhos, pois ele também tinha filhos do antigo casamento.

Ele logo veio com suas coisas para nossa casa, agora seu novo lar. Eu dividi meu armário de roupas com ele. Estava tudo indo muito bem, perfeito, para falar a verdade. Augusto era um homem educado, trabalhador, prestativo e ótimo com meu filho e minha mãe. Nós estávamos muito apaixonados, vivendo um sonho e um grande amor. Era aquele amor que eu tinha pedido a Deus nas minhas orações. E eu via um brilho no olhar de meu filho e de minha mãe, mostrando que estavam felizes também, assim como eu e Augusto.

Augusto era um homem mais velho, atraente, charmoso e respeitador. O tipo de homem que me atraía, pois nunca gostei de homens mais jovem. Não tinha por que dar errado. Nas sextas-feiras, Augusto ajudava a lavar as roupas e a fazer a faxina de casa. Nos sábados à noite, saíamos para comer uma *pizza*. Nos domingos pela manhã, íamos à missa, e no almoço Augusto fazia um bom churrasco e ouvíamos boas músicas, das quais minha mãe também gostava. Eu e minha mãe também gostávamos muito do bom chimarrão que Augusto fazia.

Estávamos todos muito felizes, minha família estava completa e estávamos vivendo ótimos momentos. Parecia que todo o sofrimento tinha ficado para trás, que era uma página virada da minha história.

Mas meu irmão Davi ficou doente. A doença bateu à nossa porta sem pedir licença. Ele logo pediu minha ajuda, que eu o acompanhasse no médico. O doutor pediu exames e receitou alguns medicamentos. Mas eles não fizeram meu irmão melhorar.

Levei-o novamente ao médico, e ele foi internado às pressas. Passados 15 dias de internação, muitos exames foram feitos, e veio o diagnóstico: era câncer nos ossos. Os médicos foram pessimistas, falando que ele não teria muito tempo de vida, no máximo 3 a 6 meses.

Nossa! Fiquei muito triste, chorei muito, e ver minha mãe triste, com medo de perder um filho, me trazia muito sofrimento. Eu precisava ser forte, para ajudar meu irmão e minha mãe.

Não imaginava perdê-lo. Ele precisou mais de meu auxílio, ficou muito abalado e sempre teve nossa ajuda. Naquele momento, ele se voltou para Deus também e começou a fazer o tratamento direitinho. Um dia de cada vez. Nossa luta era diária. Eu estava lá, ao seu lado, na quimioterapia, nas consultas médicas, nos exames, em tudo.

Minha mãe ficava muito feliz de eu estar ao lado do meu irmão. Quando voltávamos da rotina do tratamento, ela sempre nos esperava com comidas gostosas, principalmente sopas, pois ele voltava fraco e com muito enjoo. Os dias iam passando, e Davi ia melhorando a cada dia que passava. Manter meu irmão conosco representava uma vitória.

Chegaram dias de chuva, o que não era fácil na nossa casa, pois ficava tudo alagado. Mesmo a casa passando por uma pequena reforma, a água ainda tomava conta, pois o nível da rua era muito baixo. Recordo de chegar em casa com meu marido e ver minha mãe sentada no sofá, triste, braba, pois tinha chovido muito, e tudo estava embaixo da água. Meu irmão Arthur tinha passado na nossa casa e ajudou a mãe, colocando tijolos para levantar o sofá e o fogão. Ver aquela situação, minha mãe encolhida em cima do sofá sobre uma carreira de tijolos, mexeu muito comigo e com meu marido. Minha mãe, buscando consolo, indagava até quando iríamos viver naquela situação, afirmando que não queria viver o resto da vida dela em uma casa velha, caindo aos pedaços e alagando tudo.

Eu e Augusto começamos a tirar a água com balde e a limpar todo o chão, mas a chuva não parava, e tudo estava alagado. Aquilo era muito ruim, pois a água levava tudo que tínhamos demorado para conseguir.

Naquele dia, conversei com Augusto e decidimos procurar uma casa para comprar. Eu já tinha algumas economias guardadas para esse fim, então falei para minha mãe que eu iria procurar uma casa para comprar e assim sairmos dali, e que ela moraria conosco.

Eu e Augusto saímos para procurar a casa. Quando chegamos em casa de volta, minha mãe estava mais triste ainda, porque ela não queria sair daquele lugar. Ela e meu pai já estavam morando em casas separadas. Por esse motivo, meu pai não ajudava com nada e não aceitava reformar a casa. Mas a casa em que meu pai morava era em frente à da minha mãe, e eles cuidavam um do outro. Minha mãe também gostava muito dos vizinhos. E ela falava para mim: "Nós moramos uma vida inteira aqui. Por que sair a procurar casa em outro lugar? Eu sempre rezei tanto pra Deus ajudar que nós conseguíssemos fazer uma casa nova". Ela sugeriu: "Por que você, com esse dinheiro que tem, não derruba essa casa velha caindo aos pedaços e faz uma nova bem grande, bem alta, aqui em cima do meu terreno? Aí não entra mais água e dá para todos nós morarmos, porque dos nove filhos eu sei que eu não me acerto com nenhum para morar junto, e eu quero que você cuide de mim quando eu ficar mais velha, pelo resto da minha vida. E quando eu morrer, se teus irmãos quiserem parte do meu terreno, você paga para eles, o terreno.

E fica com a casa, porque você é que está sempre comigo e me ajuda muito".

Eu fiquei pensando: "Meu Deus, será que isso vai dar certo? O que eu faço?". Eu queria comprar uma casa em outro lugar e levar minha mãe, pois eu temia enfrentar alguns problemas com meus irmãos no futuro. Mas eu vi que a vida da mãe era ali naquele lugar; ela não queria sair de perto do meu pai. Meu amor pela minha mãe era tão grande que não pensei duas vezes, e ela me convenceu a fazer a tão sonhada casa.

Então eu e Augusto começamos a projetar a casa. Tínhamos pouco dinheiro; nesse meio-tempo, faltou dinheiro e precisamos fazer mais empréstimos, e até o único carro que tínhamos foi preciso vender para terminar a casa. Mas, com a graça de Deus e de minha irmã Lara, que nos emprestou um pouco de dinheiro, em sete meses a casa estava pronta, e nós estávamos morando na casa nova. O sonho da minha mãe se tornou realidade aos 70 anos de idade.

O mês de dezembro do ano de 2010 foi especial, pois entramos na nossa nova casa e meu filho se formou no ensino médio. Teve festa de formatura e de Natal. Comprei até uma árvore natalina com enfeites lindos. Minha mãe adorou, pois ela amava o Natal; era uma data especial para ela, que não passava nenhum ano sem enfeitar o pinheirinho e queria que todos os filhos viessem passar esse dia com ela.

Estávamos todos muito felizes. Foi um Natal maravilhoso, e todos os nossos problemas estavam resolvidos.

Era só continuar trabalhando e cuidando de minha mãe e esperar meu filho se casar e me dar netos. Podia sair e chegar em casa e descansar, dormir, sem me preocupar com a chuva. Enfim, viver em paz, esperar até o dia da minha morte e me encontrar com minha filha, aquela anjinha linda que Deus me mostrou naquele jardim no dia em que fiz o retiro.

Tudo estava muito bom. Minha mãe estava muito feliz por ter conseguido realizar o sonho da casa nova e lindíssima. Augusto e eu chegávamos em casa do trabalho e a encontrávamos alegre, com um belo sorriso em seu rosto. Como era bom ver minha mãe feliz! Ver um sorriso estampado no rosto daquela que era tudo para mim, minha mãe e minha melhor amiga, era muito gratificante. A alegria da minha mãe era a minha alegria. Nós sempre fomos muito apegadas, muito unidas. Ela era o meu porto seguro, para onde eu sempre retornava. Dona Valentina superava os momentos difíceis com muita fé em Deus e sempre tinha um sorriso em seu olhar.

Eu pensava que todos os meus irmãos tinham o mesmo amor que eu tinha pela nossa mãe, a mesma gratidão pela mãe amorosa e guerreira que ela sempre foi. Ela se transformava em uma leoa para defender seus amados filhos. Imaginava que fossem ficar felizes por eu ter ajudado ela a realizar seu sonho. Mas, infelizmente, não foi bem assim que aconteceu.

Quando meus irmãos perceberam que meu sonho era sonhar com minha mãe, vê-la feliz e cuidar bem dela, bateu foi uma inveja muito grande. Uns e outros diziam que tinham ficado felizes por eu ter conseguido ajudar a mãe. Outros diziam que eu não devia pensar que tinha feito um casarão no terreno da mãe e ia ficar para mim; não iriam deixar, pois quando ela morresse seria feito inventário, e a casa seria de todos. Eu falei: "Por que essas conversas agora? A mãe vai viver muitos anos ainda e quando ela vier a faltar, for para juntinho de Deus, eu posso pagar a parte de cada um do terreno ou também pode ser vendido, situação em que eu pego o que gastei na casa, e o terreno pode ser dividido entre os irmãos".

Mas não adiantou. Eles começaram a ficar indiferentes. No aniversário da mãe e no Dia das Mães, eu sempre fazia uma festinha com bolo e muita comilança, e os convidava. Quando era na casa velha, eles sempre iam. Depois, na casa nova, passaram a não ir mais nessas festas. Faziam em outro lugar e levavam minha mãe para lá. A maioria das vezes que vinham em casa era quando Augusto e eu não estávamos lá.

A minha mãe começou a ficar triste e dizia pensar que seus filhos iam ficar todos felizes por mim e meu marido, por ter dado a casa a ela, e agora eles tinham ciúmes disso e queriam brigar e se afastar da gente. Não dava para acreditar numa coisa dessas. Já estava se tornando uma situação desconfortável para nós, mas íamos levando, em nome do amor. Mas a vida continua e não podemos agradar a todos.

Os dias e os meses passavam e meus irmãos continuavam distantes.

Já era época das festas do fim de ano quando uma notícia ruim veio: meu pai teve um AVC. Ficou dias internado, saiu do hospital em uma cadeira de rodas, com sequelas. Não foi um Natal como os outros. Parecia que o rancor estava corroendo a todos. Meu filho começou a sentir essa indiferença de seus tios, que não iam na nossa casa. Já não aconteciam mais aquelas comemorações. Meus irmãos sempre levavam minha mãe para outro lugar. Eles não suportavam ver minha mãe feliz comigo e Augusto e faziam de tudo para atrapalhar. Minha mãe estava no meio de um fogo cruzado. Meu filho Emanuel e Isabela terminaram o namoro de três anos.

❖ Solidão e luta

No ano de 2011, eu comecei a notar meu filho Emanuel diferente, pois ele e eu sempre fomos muito amigos e apegados. Minha mãe e eu o criamos com muito amor e carinho. Eu fazia tudo que podia para meu filho, principalmente pensando em compensar a ausência do pai, que pouco procurava por ele.

Emanuel era educado com todos e gostava muito do meu irmão Davi e do meu marido, Augusto. Sempre chegava em casa cedo e conversava comigo e com meu marido, e isso começou a não acontecer mais. Do dia para a noite, Emanuel começou a chegar em casa e ir direto dormir. Eu comecei a estranhar esse comportamento. Ele já não era mais o mesmo. Um dia fiquei acordada de plantão esperando Emanuel chegar, mas não consegui conversar com ele, pois ele escapou e foi direto para o quarto e trancou a porta. No dia seguinte, tentei conversar com ele, quis saber o que estava acontecendo. Não deu certo. Emanuel fugiu do assunto.

Com o passar dos dias, eu tentava falar com ele, ficava acordada esperando, mas, quando em casa, ele estava distante mesmo. Um dia, após várias tentativas, fiz meu plantão noturno na sala, esperando por ele. Nunca vou esquecer, pois foi de partir o coração de uma mãe. Fiquei frente a frente com ele, o segurei, olhei nos olhos dele e não queria acreditar: ele tinha usado alguma droga. Paralisei naquele momento. Não conseguia falar nada, nem sair dali. Depois de alguns segundos, que pareciam horas, meu coração falou por mim: "Não acredito, meu filho, que você está fazendo isso!".

Meu Deus! Eu fiquei sem chão. Meu mundo caiu. O silêncio e a tristeza tomaram conta de mim por alguns dias. Fiquei pensando várias coisas, como o que fazer e onde eu tinha errado. A culpa tomou conta de mim. Eu sempre quis ser mais do que mãe para ele; fui amiga, conselheira. Será que foi aí que eu errei? Eu sempre conversava sobre drogas e bebidas e aconselhava-o a não ir para caminhos errados. Não entendia, não podia acreditar no que estava acontecendo.

Chamei Emanuel para uma conversa e perguntei a ele: "Meu filho, por que você está usando drogas? E que droga você está usando?". Ele falou que era maconha. Continuei conversando, questionando o motivo, porque eu sempre o aconselhei a nunca experimentar, seja qual fosse a droga, pois depois é um caminho longo para parar. Eu pedi a ele, naquele dia, para não colocar mais isso na boca. Ele parecia arrependido, me pediu desculpas, me abraçou e chorou; eu também chorei. Nesse abraço, eu percebi que ele estava sofrendo, e comecei a sofrer junto com ele.

Os dias iam passando, e eu percebia que Emanuel continuava a fumar maconha. Eu pedia para ele: "Meu filho, pare com isso enquanto é cedo. Onde eu errei com você? Perdoa-me, meu filho. O que eu posso fazer para você parar com isso?". Ele me falou: "Mãe, você não errou. Não é culpa tua. Eu é que quis experimentar. A hora que eu quiser parar, eu paro".

Vi que uma grande batalha começaria na minha vida. Então arregacei as mangas e fui à luta, mas convidei Deus para me ajudar, pois sozinha eu sabia que não conseguiria. Comecei a lutar com as armas que eu já tinha: joelhos no chão, mãos para o céu e orar para Deus. Todos os dias eu entregava Emanuel, meu filho, nas mãos de Deus.

Mas parecia que, quanto mais eu orava, piores as coisas ficavam. A paciência com meu filho ia acabando, até que um dia tivemos uma discussão, e ele me prometeu que pararia. Mas não durou muito tempo. Eu vi que ele continuava a fumar maconha.

O tempo passou, e estávamos em 2012. Minha vida era só trabalhar e ir à igreja orar pela libertação do meu filho. Minha mãe também entrou nessa luta comigo. Ela ia de igreja em igreja orar por Emanuel. Meus irmãos, que, por ciúmes, faziam de tudo para eu me desgostar e sair da casa, aproveitaram a oportunidade para falar que eu tinha que sair da casa com meu filho. E aquilo ficou na minha cabeça.

Fui conversar com Emanuel, falando que, se ele não fizesse um esforço para parar de usar drogas, Augusto e eu iríamos embora para outra cidade e eu o levaria junto para afastá-lo de alguns amigos. Essa conversa não ajudou nada, pois Emanuel não queria sair da cidade em que tinha nascido e passado toda a sua infância. E disse: "Mãe, eu não estou fazendo nada de mal. Que mal tem fumar maconha e me divertir com meus amigos? A hora que eu quiser parar, eu paro". Mas eu sabia que não era tão simples esse parar, e eu continua a falar: "Para enquanto é tempo". Eu continuava firme nas minhas orações, que acalmavam meu coração de mãe.

Naquela época, eu e meu marido trabalhávamos em um mercado e, nas folgas, comprávamos eletrônicos do Paraguai e vendíamos no estado do Rio Grande do Sul. Era uma renda extra importante para nós. Um dia, perdemos nossa mercadoria para a Receita Federal. Na semana seguinte iríamos novamente e eu estava muito aflita, com medo de viajar com a mercadoria, temendo perdê-la novamente.

Fui à igreja, rezei, mas aquele pressentimento continuava, uma coisa ruim, um sinal. Não podíamos perder a mercadoria novamente, pois tínhamos nossas contas para pagar. Liguei a televisão no canal da Canção Nova e estava acompanhando o programa Sorrindo para a Vida, com o apresentador Márcio Mendes; eu ouvi a palavra que Márcio tinha preparado para aquele dia. Isto me chamou atenção nas palavras dele: "nós podemos ter muitos sonhos e querer muitas coisas para nossa vida, mas só Deus sabe o que é melhor para nós. Muitas vezes, aquilo que pedimos ou queremos não sai do jeito que queríamos e ficamos tristes e desanimados".

Mas Deus, como pai zeloso e cuidadoso que é, não permitiu que aquilo saísse do jeito que queríamos. Não foi para nos castigar ou para nos punir, mas foi para nos proteger. Se perdemos algo, é porque Deus quer nos dar algo muito melhor. Eu fiquei pensando... como assim, precisamos perder para ganhar algo melhor? Fomos viajar e o que eu temia aconteceu: eu e Augusto perdemos toda a mercadoria para a Receita Federal. Eu fiquei triste e lembrei das palavras de Márcio Mendes que tinha ouvido antes de sair de viagem, e naquela tristeza pensei: "o que Deus tem de melhor pra mim?".

Parecia estar tudo dando errado, mas não pensei duas vezes e orei muito. Pedi para Deus: "eu quero o que o Senhor tem de melhor para mim". À noite, enquanto eu dormia, tive um sonho com uma voz me chamando pelo nome e dizendo: "Vitória, fala para o Augusto arrumar um emprego em Porto Alegre". Eu no momento não entendi o sonho, mas pela manhã contei para Augusto e falei para ele: "eu estou orando tanto para Deus nos ajudar, porque essa situação está cada vez mais difícil, e eu sonhei que é pra você arrumar emprego em Porto Alegre, no Rio Grande do Sul". Augusto me perguntou: "e você, amor, vai comigo se eu for morar e trabalhar lá? Porque eu só estou aqui por você, amor". Aquilo ficou na minha cabeça: "será mesmo que devemos ir morar no Rio Grande do Sul? Mas e minha mãe e meu filho? Eu não posso ir embora, não posso deixar minha mãe e meu filho aqui".

Porém, minha vida estava sendo trocar entre os canais da televisão, mudando de um canal de evangelização para outro. Naquela mesma semana, eu estava acompanhando o programa Escolhas da Vida, com o apresentador Dalcides. Nesse dia, Dalcides atendia uma ouvinte e percebi como a história dela era parecida com a minha, e os conselhos que ele deu para ela foram de que talvez fosse preciso mudar de cidade, pois chega um determinado tempo em que até os passarinhos precisam abandonar seus ninhos e voar. "Se você, minha amiga, decidir abandonar seu ninho, desejo que você faça uma boa decolagem, um maravilhoso voo, uma belíssima pousada e seja muito, mas muito feliz", dizia ele. E mais: "Se você, que também está me ouvindo aí na sua casa, está precisando tomar uma decisão, fazer uma escolha, que Deus te ajude a fazer a escolha certa, e se for preciso você abandonar também o seu ninho, minha amiga, abandone e faça também uma boa decolagem, um maravilhoso voo e uma belíssima pousada. E seja também muito feliz". Eu fiquei pensando em tudo isso. E falei para Deus, eu quero ser feliz. Outro final de ano ia se aproximando. Então, conversei com Augusto para ele procurar emprego e um lugar para morar em Porto Alegre. Decidi que, em 2013, eu iria com meu filho morar naquela cidade. Eu abandonei o ninho e decolei. E como foi essa decolagem eu irei contando no decorrer deste terceiro capítulo da minha história; fiquem atentos...

Mas Deus conhece o nosso coração, e Ele já tinha tudo preparado. Augusto conseguiu um lugar para nós morarmos e um emprego de motorista, em que viajava para a Bahia e ficava de 8 a 10 dias fora de casa. Engraçado que, quando criança, eu sonhava em conhecer a Bahia, e minha mãe falava que era longe, muito longe, e que eu não conseguiria ir. Realmente, são os extremos do nosso país, eu aqui, longe, no Sul, eles lá, no Nordeste do Brasil. Mas sonhar é importante, e eu nunca deixei de acreditar que iria para lá, ver de perto aquelas lindas baianas. E eu consegui, após Augusto conseguir esse emprego. Fui várias vezes de caminhão para a Bahia com ele. Persistência. Eu sempre fui de acreditar nos meus sonhos. Consegui realizar vários, e é Deus que me guia, que me ilumina, me ajuda. É aquela frase: "A gente colhe o que planta". Eu sempre fui boa. Posso ter errado, mas era com a melhor das intenções.

Voltando à cidade de Porto Alegre, nosso novo lar, uma nova vida. Nossa casa ficava em um terreno com duas casas. Minhas vizinhas eram duas mulheres, mãe e filha, e elas tinham uma cadela de estimação da raça Pitbull. Elas deixavam a cadela solto no pátio, porque diziam que o animal era dócil, mas eu tinha muito medo. Muitas vezes, para eu entrar em casa, dava de cara com a Pitbull e precisava ser corajosa e aprender a lidar com meus medos, inclusive de ficar em casa sozinha. A cada dia que passava, eu ia me voltando mais para Deus e ficando mais amiga da Pitbull, adaptando-me a ela, e ela a mim, mas sempre com algum receio.

Um dos meus principais objetivos de vir para Porto Alegre era trazer meu filho para tirá-lo do mal caminho, do mundo escuro das drogas. E de perto de maus amigos. Minha mãe não gostou muito da ideia de eu morar longe, mas expliquei que era para tentar uma vida nova, e que, se ela quisesse vir conosco, poderia vir. Mas ela disse que era muito longe, que todos os seus filhos estavam por ali perto, e ela já estava numa idade avançada para ir tão longe deles. Porém, ela frisou que ela me queria cuidando dela quando ela precisasse de cuidados, que ela me queria com ela, que só comigo ela queria morar; então pediu para eu prometer que ficaria um tempo em Porto Alegre e que depois iria voltar para lá. Eu prometi para ela que sim, que viria só por um tempo e depois voltaria a morar com ela.

Depois dessa conversa com minha mãe, chegou a hora de falar com meu filho, pois esse era meu maior objetivo: tirá-lo daquela cidade, daquele lugar, do mundo escuro das drogas. Foi uma conversa longa, diária, mas consegui convencer e trazer o Emanuel para morar conosco. Mas ele veio muito triste, porque não queria sair da cidade em que se criara.

No mês seguinte, no nosso novo lar, meu filho começou a trabalhar. Saía muito pouco de casa e, sempre que saía, não demorava a voltar para casa. Eu também comecei a trabalhar em uma empresa: Estilo Renovar. Lá era muito bom de trabalhar e, no prédio em que eu trabalhava, só trabalhavam mulheres. Minhas chefes eram pessoas muito boas. Seus nomes eram Clara, Marina e Heloisa. A Clara era com quem eu mais conversava. Ela foi uma pessoa de luz na minha vida, como um anjo sem asas que me ajudou, ouviu meus desabafos e me compreendeu. Eu me dava muito bem com ela. Não poderia ter encontrado um lugar melhor para trabalhar, ainda mais naquele momento que eu estava vivendo.

Os meses se passaram, e estávamos nos adaptando à nova cidade. Em dezembro de 2013, nas férias coletivas, fomos para nossa cidade natal visitar minha mãe e passar o Natal e o Ano-Novo com ela. Meu filho não quis mais voltar para Porto Alegre. Disse que não tinha se acostumado com essa cidade e que ficaria ali onde nascera. Além do mais, falou que eu tinha feito um casarão no terreno da minha mãe e tudo que meus irmãos queriam era que saíssemos de lá. Realmente, ele estava certo disso tudo, inclusive que alguns dos meus irmãos queriam nos afastar dali. Tentei convencê-lo a vir conosco, mas não adiantou.

Gênesis 37, versículo 3: "E Israel amava José mais do que todos os seus filhos, porque era filho da sua velhice; e fez-lhe uma túnica de várias cores". Versículo 4: "vendo, pois, seus irmãos que seu pai o amava mais do que todos os seus irmãos, odiaram-no, e não podiam falar com ele pacificamente".

Augusto e eu voltamos, e nossa vida continuou. Augusto viajava a trabalho e eu ficava em casa sozinha. Não foi fácil para mim. Sentia muitas saudades de meu filho e de meus pais, porque a minha vida toda sempre foi em volta deles. Precisei vencer o medo e viver com a solidão. Assim, minha vida continuava na rotina de trabalhar e rezar. Minha TV estava sempre ligada em canal que evangelizava, pois para mim parecia que todos os meus familiares apontavam o dedo para mim e para o meu filho, menos minha mãe e meu irmão Davi. Todos os demais eram contra mim, e tudo estava dando errado, e eu só conseguia ficar de pé neste deserto em que estava vivendo pela minha fé em Deus e pelas minhas orações, pois eu sentia que ele me ouvia e estava comigo.

Então veio outro baque. Meu querido irmão Davi, que eu tanto amava, estava fazendo tratamento para câncer e começou a ficar mal e a chamar por mim. Eu fui rápido vê-lo. Era muito dolorido ficar longe dele. Horas de viagem. Meu coração ficava partido. Parecia que deixava um pedaço em cada lugar, e na verdade deixava mesmo. Cheguei lá, meu irmão, acamado e todo inchado, já não tinha mais muitos dias de vida. Decidi ficar lá. Faltei uma semana no meu trabalho e fiquei ajudando a cuidar de meu irmão. E uma das coisas de que me lembro até hoje é dele falando: "Não sei por que Deus não ouviu minhas orações, pois eu queria mais um tempo de vida para ver meus netinhos crescerem. Se eu pudesse, me ajoelharia aqui, na hora, e, se Deus me desse uma chance, eu faria tudo diferente". Mas, infelizmente, meu irmão Davi faleceu. Antes de falecer, fez um pedido a seu filho: que colocasse o nome de seu neto que iria nascer de Elias. Seu pedido foi aceito. Quando seu neto nasceu, foi batizado como Elias.

Eu voltei para minha nova cidade, embora com o coração partido em mil pedaços. Dois meses depois, mês de abril, na Páscoa, fui novamente visitar meu filho e ver como minha mãe estava superando o luto de Davi. Ainda naquele mesmo ano de 2014, em julho, aniversário do meu filho, fui de novo visitá-los e oferecer minha ajuda para Emanuel, e tentei convencê-lo a vir morar comigo, pois sabia que só eu poderia ajudá-lo a sair desse caminho. Mais uma vez ele se recusou a vir. Eu voltei sozinha. Minha vida estava uma ida e vinda, toda fora dos eixos.

No mês de setembro era aniversário da minha mãe e fui para lá de novo. A cada ida, eu voltava com o coração partido e mal podia esperar pela próxima oportunidade de ir novamente. Eu ia perdendo as esperanças de trazer meu Emanuel e de recuperá-lo.

Mas eu continuava a orar. Um dia, acompanhando uma pregação e o testemunho do Dunga pela TV Canção Nova, ele contava que saía e ficava até três dias fora de casa drogando-se, voltava para casa todo sujo e faminto e encontrava sua mãe com o rosário na mão, rezando. Relatou que isso foi mexendo com ele, até que conseguiu se libertar. Disse que a oração de uma mãe é muito poderosa e que, se não fossem as orações de sua mãe, hoje ele não estaria dando o seu testemunho e pregando o PHN para milhões de jovens. Isso renovou minhas esperanças.

Mas eu estava me sentindo sozinha, com meu marido viajando e mil e uma coisas passando pela minha cabeça. Eu me perguntava: "O que eu estou fazendo aqui? O que eu fiz da minha vida? Que saudades do meu filho e da minha mãe!". Não entendia por que estava vivendo naquele deserto, por que Deus me trouxe para tão longe e me colocou nessa situação. Parecia uma prova de fogo. Queria ficar perto de todos, mas não podia ter todos por perto. Nossa vida estava dando certo em Porto Alegre, mas meu coração estava longe. Feito um pássaro ferido, caído em meio ao deserto, tudo parecia estar perdido. Havia momentos em que Deus parecia fazer silêncio comigo... Mas eu não desistia; conversava muito com Deus, pois Ele tinha me conduzido até aqui, e isso me trazia forças.

Capítulo 4
O RENASCER

As coisas pareciam bem, morando em uma cidade nova, fazendo nosso recomeço. Naquele momento, começou a nascer um desejo em mim: ter uma filha. Deus me colocou esse desejo. Parecia que eu estava em dívida com Deus. Além desse sentimento de dívida com Ele, sentia que também estava em dívida com aquela anjinha dos meus sonhos. Eu precisava dar amor a essa criança, essa menina, e isso estava me sufocando.

Esse pensamento, de ter mais um filho ou filha, era muito confuso. Eu queria, mas ao mesmo tempo tinha medo, falta de coragem para engravidar, pois, sozinha, já tinha criado meu filho. O tempo passava, e o relógio biológico feminino tem pressa, pois eu ficava a cada ano mais velha, e isso me deixava com medo também. Mas, com os meus 38 anos, pensei: agora ou nunca. Parei de tomar o anticoncepcional e comecei a orar para Deus me abençoar com mais um filho. Eu queria uma menina, mas que não valesse só a minha vontade. Falei para Deus que fosse da vontade dele também.

Os dias passaram e, como e todos os finais de ano, Augusto e eu fomos passar as férias com minha mãe e meu filho. Claro que eu aproveitei para ver toda a família, inclusive meu pai, que já estava velhinho e debilitado. Aproveitei esses dias perto de meu filho para conversar muito com ele, e de novo o convidei para vir morar conosco na nossa nova cidade, que seria melhor para ele conseguir sair da vida do álcool e das drogas. Mas foi só tocar nesse assunto que ele veio com tudo para cima de mim, falando que era maior de idade, que quando ele quisesse ia parar, que não estava fazendo mal a ninguém. Nossa, uma decepção. E ele não via que estava fazendo mal para mim, que eu estava em sofrimento, que eu queria muito tirá-lo daquela vida. Mas fui firme e forte de novo; não sei de onde tirei essa força, mas Deus nunca me abandonou. Eu, com dor no coração, respondi para ele com calma que tudo bem, e que, quando ele quisesse minha ajuda, sabia onde me encontrar, que estaria de braços abertos esperando por ele, esperando o momento dele, o renascer dele. Aceitei que esse era meu tempo de renascer.

Aproveitei para estar com ele, com a minha mãe, ver meu pai. Sabia que ainda ia passar por dificuldades com meu filho, mas ele precisava aceitar minha ajuda, minhas orações, permitir que Deus entrasse na vida dele.

Por mais simples que nossa vida fosse, sempre nos presenteávamos em datas comemorativas, era especial esse ritual para a gente. Todos os presentes eram especiais, mas, naquele ano, minha mãe me deu, além de uma fruteira, um cartão. Ela nunca tinha me dado algo assim. Tinha uma mensagem escrita nele, porém, não sei por que, não consegui abrir e ler. Ela ainda me falou que eu ia gostar do cartão, que ela escolheu a dedo para mim. Essa frase me intrigou mais ainda. Eu estava muito confusa e aflita com tudo que estava acontecendo. Eu olhei, mas não li, porque achava não estar pronta para esse momento de ler, mas vi que ela tinha escrito com sua letra: "Querida filha Vitória, com amor, de sua mãe, Valentina Brasão". Eu me emocionei. Estava muito sensível. Não li mais nada. Abracei-a forte, agradecendo a ela pelo presente e principalmente pelo cartão.

Ainda nesse mesmo dia, véspera de Natal, eu fui dormir confusa, mas decidida ao mesmo tempo sobre engravidar. Então, me ajoelhei e orei para Deus. Pedi a Ele um presente de Natal especial: que eu conseguisse engravidar. E reforcei pedindo que fosse uma menina, e Ele sabia o porquê, depois de tantos pedidos e agradecimentos meus. Mas expliquei a Ele: "Eu sei que o aniversário é seu, meu Jesus, mas eu quero do fundo do meu coração esse presente, e queria essa menina como um sinal de perdão. Eu a amaria tanto, e cuidaria dela muito bem". Adicionei que eu seria grata a Ele por toda a minha vida. Também pensei que, se Emanuel tivesse uma irmãzinha, ele renasceria, porque sempre pediu um irmão ou uma irmã; isso poderia ajudá-lo a vir para perto de mim.

Acabaram as férias e eu fui embora triste, deixando para trás meu filho, minha mãe e meu pai. Sempre difíceis esses dias de dar tchau para eles, pois meu coração ficava lá, mas eu precisava retornar às minhas atividades.

Assim minha vida continuava. Quando estava em casa sozinha, que saudades que eu sentia da minha mãe e do meu filho! Os dias pareciam não ter fim. Mas, no meio de tudo isso – perdas, decepções, solidão, tristeza e angústia –, não perdi a esperança e a fé em Deus. Ele me trouxe para esta cidade, longe de todos, para que eu tivesse um encontro pessoal a sós com Ele. Eu estava sozinha, e ao mesmo tempo não, pois Deus estava comigo. Era eu e Deus, meu melhor amigo, um do outro, um amor inexplicável, sem limites, como o céu e o mar. Olhando para a lua e as estrelas que iluminavam a noite e me davam esperança, na escuridão do meu quarto, Deus surgia como um farol a me abraçar, até o sol do amanhecer brilhar em um azul sem fim. A cada dia que passava, me tornava mais íntima de Deus. Ele estava comigo, em todos os momentos. Passei a chamá-Lo de meu paizinho e O convidava para ir comigo aonde quer que eu fosse.

Recordo-me como se fosse hoje daquele lindo cartão enviado pela minha mãe no Natal de 2014. Aquele que eu não li na hora. Ela escolheu para mim a dedo, com todo o carinho e amor. Um papel, mas nele estavam palavras importantes, simples, com grande significado. Não imaginava que aquele cartão pudesse me trazer tantos sentimentos. O formato dele era uma linda flor. Na parte da frente, dizia: "As pessoas especiais que encontramos pelo caminho" e, quando abria, "a nossa história é desenhada em cada sonho e em cada gesto que fazemos para transformar a nossa realidade. Mas o que mais conta são as pessoas que nos ajudaram a compor a nossa história ou que em algum momento da vida percorrem conosco uma parte do caminho. Seja feliz". Dentro do cartão também tinha a assinatura e a letra da minha mãe, trazendo a mensagem: "Querida filha Vitória, com amor, de sua mãe, Valentina Brasão".

A mensagem que o cartão me trouxe era para eu ser feliz. Mas me perguntava: ser feliz como? Como ser feliz longe dos meus grandes amores, minha mãe e meu filho? Com eles longe de mim, era tão difícil encarar a vida. Mas precisava ser feliz. Isso é o que toda mãe quer para seu filho, e o que eu queria para o meu filho também. Ficava na minha cabeça o motivo para ela ter me dado esse cartão tão bonito com lindas palavras e dizendo *seja feliz*. Parecia uma despedida, como se ela estivesse me falando que eu já tinha feito tudo que estava ao meu alcance para a felicidade dela, e que agora precisava achar minha alegria de viver. Era hora de eu seguir a minha vida, mesmo cheia de dúvidas ou sofrimento.

Eu estava muito confusa. Não conseguia aceitar ser feliz longe dela. Tantas histórias vivemos, e eu queria viver mais histórias perto dela, com ela comigo. Seria possível ser feliz longe de seu amor de mãe? Seria possível eu ser feliz depois de tudo o que nós tínhamos vivido juntas? Mesmo com grandes dificuldades, meu sonho era o dela. Eu precisava ter meus sonhos, pois o dela, da tão sonhada casa, tinha se materializado.

Abracei aquele cartão, e lágrimas rolaram. Chorei muito, senti uma dor muito grande no meu coração, como se fosse uma despedida. Eu, sozinha, me apeguei ao cartão como se fosse um pedaço dela perto de mim. Em todos os momentos de solidão e tristeza, eu abraçava aquele cartão. Comecei a prometer para mim mesma que seria feliz, buscaria sempre orgulhá-la, e minha luta diária seria para realizar o pedido da minha mãe, de ser feliz. Mãe, eu fui uma querida filha porque primeiro a senhora foi uma querida mãe. Eu quero que a senhora também seja muito feliz.

Assim os dias se passaram e no fim do mês de janeiro eu comecei a sentir os primeiros sintomas de gravidez. Fui correndo fazer o exame. Esperei meu marido chegar de viagem para vermos o resultado juntos, e, para nossa alegria, eu estava grávida. Foi uma emoção misturada com risos e lágrimas que tomavam conta de nós.

Os dias iam passando e os enjoos começaram a ficar cada dia mais fortes. Eu passava muito mal. Precisei ser internada e, por um momento, a médica pensou que meu bebê estivesse se gerando nas trompas e precisaria ser tirado, pois ali não iria se desenvolver. Meu Deus! Foi um susto muito grande, medo enorme. Eu queria tanto aquele bebê!

A agonia da espera... Pediram exames, fiz uma ecografia, mas, graças a Deus, estava tudo bem com o bebê. Naquele dia, meu marido estava comigo, mas precisava sair para trabalhar. As suas viagens às vezes eram longas, outras mais curtas. Com um bebê na minha barriga, eu falei para ele ir trabalhar, que podia viajar, pois nós ficaríamos bem.

Fiquei internada para tomar soro. Não tinha nenhum familiar meu para me visitar no hospital, mas minha vizinha e amiga Elizabeth foi me ver e levou frutas. Parecia que adivinhou que eu precisava dela, e que a fruta que eu podia comer à vontade era melancia. Na verdade, Deus a enviou, Ele sabia que eu precisava desse carinho. Grávidas ficam carentes – no meu caso, mais carentes. Aquele carinho me fez tão bem! Como são importantes os amigos! São a família que a gente escolhe.

Eu recebi alta, mas tive que ficar uma semana de repouso em casa, sozinha. Semana difícil. Estava muito mal, mas eu sentia que não estava sozinha, pois Deus, meu paizinho, estava sempre comigo. Também tinha uma pessoinha dentro de mim que precisava que eu estivesse bem, meu bebê, que eu já amava tanto sem nem mesmo ter visto seu rostinho. Aquela sensação era tão boa que aguentei firme tudo isso, pois meu anjinho humano estava dentro de mim, e era um presente de Deus.

Aos três meses, os enjoos foram diminuindo, fiz uma ecografia morfológica e a médica me falou que tinha 90% de chances de ser menina. Foi tão emocionante! Uma menina, uma princesinha em nossas vidas. Lembro que logo liguei para meu marido e dei a notícia de que seríamos pais de uma menina.

Com minha ansiedade de grávida, já começamos a pensar nos nomes. Logo, nosso bebê começou a ser chamado, ainda na minha barriga, de Maria Valentina. Sabíamos que era cedo, que teríamos que esperar mais tempo para confirmar o sexo do bebê, mas eu sentia, meu coração dizia que era uma menina. O significado do nome Maria é "senhora soberana, aquela que vence". Eu contava os dias para a próxima ecografia morfológica. Chegado o grande dia, eu fui ansiosa fazer a ecografia, com o coração batendo a mil, comendo chocolate e tomando café, para que o bebê se mexesse muito para poder ver o sexo. Nem esperei o médico falar; fui perguntando se já dava para ver o sexo do bebê. O médico me perguntou: "O que você acha que é, Vitória?". Eu respondi: "Doutor, acho que é uma menina!". Ele, meio surpreso, deu um sorrisinho e disse: "É mesmo, você acertou, Vitória. É uma menina, e ela está com a mãozinha abanando para você", e ainda brincou: "Nossa, mas como ela se mexe! Deve estar louca para vir ao mundo".

Não conseguia conter a minha emoção. Chorei de alegria. Deus atendeu ao meu pedido, eu seria mãe de uma menina. Que alegria! Era tanta alegria que tinha vontade de gritar aos quatros cantos. E já podíamos conversar com Maria sem medo, porque tínhamos a certeza de que era menina.

Eu conversava muito com Maria, e ela me respondia muito bem, se mexia o tempo todo. Eu pedia para ela ficar tranquila e esperar para vir ao mundo no dia certo, não antes, nem depois. Nas consultas de pré-natal, os médicos também ficavam impressionados com o quanto ela se mexia.

Eu comecei a comprar o enxoval e a preparar tudo para sua chegada. Tudo escolhido com muito amor e carinho. Eram brinquedos, roupinhas, o berço. Comprei brincos, pulseira e anelzinho para que ela saísse do hospital como uma princesa, toda chique. Mamãe ansiosa ia contando os dias para seu nascimento e para poder ver seu rostinho. Não queria esquecer nada, queria fazer meu melhor para ela.

Eu me preocupava e estava triste por não poder dar grandes coisas para ela, pois a casa em que vivia era muito simples. Não tinha o melhor quarto. Deus me manda a mensagem de que o Menino Jesus nasceu em uma manjedoura e hoje é o dono do mundo.

Lembro quando liguei para Emanuel e contei que estava grávida, que ele ia ter a irmãzinha que tanto tinha pedido e que ela ia se chamar Maria. Eu não contei para os demais familiares. Quis fazer surpresa para minha mãe e queria ter minha gestação bem tranquila.

Eu queria que o nascimento de Maria fosse de parto normal, do jeito que Deus quer que seja. Também porque eu queria ter a certeza de que tinha engravidado no dia do pedido feito a Deus, mas tinha um pouco de medo, pois eu estava com 39 anos de idade, muito tempo depois de ter tido meu primeiro filho. Mas fui corajosa, orei e confiei em Deus, que ela nasceria de parto normal.

No dia 24 de setembro, às 19 horas, fui para o hospital com início de contrações e fiquei em observação. Augusto, meu marido, me acompanhou e ficou ao meu lado o tempo todo. Às 21 horas, eu tive o desejo de comer *pizza*, e Augusto foi comprar. A *pizza* estava uma delícia. Às 22 horas, comecei a entrar em trabalho de parto, com uma contração atrás da outra. À meia-noite, as contrações aconteciam de quatro em quatro minutos, e a médica foi chamada. A dilatação estava completa e, com apenas duas forças, minha filha nasceu, à 1h15min da madrugada do dia 25 de setembro do ano de 2015, exatamente nove meses depois que eu pedi para Deus de presente de

Natal uma menina. Até a hora deu certo, pois Maria foi concebida depois da virada de Natal, do dia 24 para o dia 25 de dezembro, e nasceu depois da virada do dia 24 de setembro. Então foi batizada como Maria Valentina Brasão. Naquele dia, eu nasci de novo. Senti Deus e o Senhor Jesus bem pertinho de mim. É uma sensação maravilhosa ter dado à luz a vida, algo extraordinário que não sei explicar. Eu dei a vida para Maria e Maria deu sentido para a minha, pois ela me devolveu a alegria de viver.

Saiu tudo do jeito como pedi nas minhas orações. Minha bebê veio ao mundo com muita saúde, pesando 3,150 kg, e muito linda, de pele branquinha como a neve, e com muitos cabelos pretinhos. Ao voltar para casa com a pequena Maria, minha joia rara, em meus braços, tudo mudou. A alegria voltou a reinar em meu lar. Ela também recebeu visitas e ganhou presentes.

Ela foi crescendo a cada dia com muita saúde e mais bonita. Ela contagiava as pessoas com sua beleza, era o centro das atenções; parecia não ser deste mundo. Será que ela era a criança de luz, um bebê arco-íris, ou um anjo, que veio para me trazer amor, paz e esperança nesse momento tão difícil que eu estava vivendo?

Meus amados leitores, Maria veio para uma grande missão, que aos poucos eu fui descobrindo e irei contar a vocês. A cada dia que passava, era mais emocionante cuidar da minha bebê, dar amor e carinho a essa joiazinha. Dar beijinhos, sentir seu cheiro, ouvir o seu respirar e o seu chorinho quando estava com fome, segurá-la em meus braços, sentir o seu calor, amamentar em meu peito... tudo era magnífico; eu a amava e me sentia ainda mais amada por ela.

No dia 14 de novembro, Maria Valentina Brasão foi batizada. Foi um lindo dia, e Maria estava lindíssima. Chamou a atenção de muitos na igreja.

Os dias se passavam; no dia 8 de dezembro, Augusto viajou para a Bahia, e eu, com Maria, para Foz do Iguaçu. Fui levar Maria para que minha mãe e meu filho a conhecessem.

Ali Maria começou a sua missão, com apenas dois meses. Ao chegar na rodoviária, estavam me esperando minha mãe e meu filho, junto com a minha irmã Lara. Eu apresentei a Maria, falando: "Olha, meu filho, a tua irmãzinha que Deus te deu", e para minha mãe: "Olha, sua neta", e ela já foi pegando Maria em seus braços. A minha irmã Lara, que foi nos buscar na rodoviária, se emocionou e não conteve as lágrimas. Chorou de emoção ao ver a sobrinha. Perguntei a ela: "Por que você está chorando, minha irmã?", e ela disse: "Meu Deus, ela é muito linda". Contagiou a todos com a alegria e a pureza de uma criança.

No caminho para casa, minha irmã ligou para todos virem ver uma surpresa que a Vitória trouxera. Foi uma alegria e emoção para eles. Alguns sentiram ciúmes, outros não. Minhas irmãs, minhas sobrinhas, minha mãe e meu filho compraram presentes para Maria.

Emanuel se encantou com a irmãzinha. Tirava muitas fotos com ela e postava para seus amigos dizendo: "Olha a irmãzinha linda que eu ganhei. Ela é a coisinha mais linda". Se ela chorasse, ele já se preocupava; era todo atencioso e ajudava a cuidar da maninha.

Passamos 30 dias maravilhosos juntos. Mas chegou o dia de irmos embora, a hora da despedida. Era triste a despedida. Emanuel ficou triste e minha mãe chorava. Eu também. Mas fui embora, deixando novamente um pedaço meu lá.

Três meses depois, era Páscoa. Emanuel e minha mãe não aguentaram a saudade e vieram visitar Maria, que estava com 6 meses. Foi uma semana de muita alegria para mim, ter minha mãe e meu filho perto de mim, me ajudando a cuidar da pequena Maria. A casa estava em festa para todos nós. Tiramos muitas fotos, aproveitamos cada minuto juntos. Queria que o relógio parasse, para o dia de eles irem embora não chegar, pois sabia que iria demorar para ter um novo encontro com eles. Muitos abraços, beijos, risadas, mas o dia de eles irem embora chegou e, novamente, um pedaço meu foi com eles.

Mas eu tinha a Maria, crescendo, cada dia mais linda, interagindo mais comigo. Minha florzinha foi desabrochando. O tempo passava rápido demais. Minha princesinha já estava fazendo 1 ano no dia 25 de setembro. Eu precisava comemorar aquele dia de tanta alegria. Fizemos uma festinha, minha mãe veio para comemorar comigo e com a neta. Que dia feliz! Fotos, amigos reunidos, família. Eu estava preenchida: Maria estava encantada com tantos presentes que ganhou.

Minha mãe ficou uma semana conosco em casa. Passei dias maravilhosos com ela. Maria, minha mãe e eu dormimos juntinhas na mesma cama. Era muito bom esse aconchego, sentir seu cheirinho, ouvi-la respirar. Eu não queria que esses dias terminassem; queria que fosse para sempre assim. Mas chegou o dia de a mãe retornar e a hora de nos despedirmos. A cada despedida, um sentimento de tristeza. Porém, eu tinha a esperança do próximo encontro, de que ela estaria lá me esperando.

Eu vivia um dia de cada vez, cuidando e dando muito amor e carinho para minha pequena princesa Maria. Maria também me retribuía com amor e carinho. Era uma criança feliz; brincava, ria, cantava, fazia bagunça, era a minha alegria. À medida que os dias passavam, a saudade de minha mãe e de meu filho aumentava, porque eles estavam lá, e nós aqui. Não tinha resposta para tantas perguntas.

❖ Triste despedida

O final de ano ia se aproximando e eu ia me programando para viajar e passar as férias de final de ano com minha mãe novamente. Poder abraçar e sentir seu cheiro, pegar na sua mão e pedir a sua bênção.

Chegou o mês de dezembro, e eu estava com tudo pronto para ir passar as férias com ela e meu filho. No meio dessa alegria, meu telefone tocou. Era minha irmã Lara ligando. Nunca me ligavam, nenhum dos meus irmãos. Quando vi a ligação, meu coração disparou; sabia que não era coisa boa, pois normalmente me ligavam só quando queriam algo ou quando precisavam falar algo ruim.

Minha intuição estava certa. Minha irmã me informou que minha mãe estava doente, tinha ido para o hospital, e tiveram que interná-la. Eu não sabia nem o que fazer. Essa notícia me deixou muito triste. Passados alguns dias de internação, e depois de muitos exames, descobrimos que ela estava com câncer, já em estado avançado.

Com o Natal chegando, minha mãe pediu aos médicos para ir para casa, pois ela queria passar esse dia em casa. Eu fui correndo ver minha mãe, sabia que o médico só a havia liberado para passar o Natal e o fim do ano em casa. Após, teria que retornar para fazer uma cirurgia.

Foi muito triste aquele fim de ano, com minha mãe doente, desenganada pelos médicos. Para completar o caos de fim de ano, um dos meus irmãos, que estava bêbado, foi brigar com meu filho. Sempre tinha brigas lá, mas naquele momento esperava respeito pela doença da minha mãe. Ela já não estava bem, não precisava presenciar brigas e mais brigas.

Quando cheguei de viagem, vi meu filho em um canto da casa, meus irmãos na garagem, fazendo uma festa com churrasco e cerveja, e minha mãe no quarto, acamada. Não acreditei no que vi. Fiquei em choque. Como eles podiam comemorar algo naquela situação? Por que não fizeram na casa deles? Minha mãe ali, na cama, sozinha, ouvindo pessoas falando alto.

Tentei não falar nada, pois eu sentia que eles não gostavam de mim. Não sei o motivo, mas desde que realizei o sonho da mãe, de dar uma casa boa para ela, eles ficaram assim comigo e com o meu filho. Apego material. Todos queriam a casa, mas ninguém queria colocar dinheiro na casa, ou me pagar o valor que eu havia gastado.

Eu também me apeguei a essa questão, pois tinha passado muita dificuldade para fazer aquela casa. Minha mãe pedia para eles me pagarem por ela; assim meu filho iria embora comigo. Precisávamos daquele dinheiro para construir uma nova vida em Porto Alegre. Eu aceitei que eles me pagassem, e meu filho Emanuel também aceitou vir embora.

Mas isso nunca aconteceu. Um dos meus irmãos falou que não era para me pagar nada, e que meu filho ia ser preso. Naquele momento, começou uma parte da minha história muito triste. Eles começaram a armar para que ele fosse preso. Eu não conseguia acreditar que eles pensassem dessa forma, porque eu sempre fui uma boa filha, uma boa irmã. Que triste para mim essa situação, com minha mãe doente! Mas ela estava ali e eu tinha esperança e fé em Deus que ela ficaria boa e meu filho ia se libertar, que Deus ia livrá-lo de todas as ciladas que meus irmãos estavam armando. Meus irmãos armavam para que meu filho fosse preso e eu orava para que Deus não permitisse isso.

No dia 3 de janeiro, minha mãe precisava voltar para o hospital e se preparar para uma cirurgia. O meu marido cuidava da Maria e eu ia passar a noite com minha mãe no hospital. Um dos meus irmãos tentou me impedir de ficar com minha mãe no hospital, mas não conseguiu.

Todos os dias eu estava lá ao lado dela, eles gostando ou não. Então a cirurgia foi marcada para o dia 11 de janeiro. O médico nos explicou que a cirurgia era para ela ter um pouco mais de tempo de vida, mas que era de risco e poderia acontecer de ela não aguentar a cirurgia e entrar em óbito na mesa mesmo. Disse que a nossa mãe não tinha mais muito tempo de vida e que viveria de 1 semana a 3 meses apenas.

Todas as noites que eu estava com ela, no hospital, rezávamos o terço juntas. Sempre na última dezena ela pedia para Deus um pouco mais de tempo de vida junto com seus filhos e netos e dizia: "Agora que você e o Augusto fizeram essa casa tão bonita para mim, eu quero aproveitar um pouco mais minha vida". Ela não podia se ajoelhar, porque estava acamada; então, nessa última dezena, eu me ajoelhava por ela e rezávamos para Deus lhe dar mais um tempo de vida.

Minhas férias estavam terminando e eu precisava voltar ao meu trabalho no dia 10. Mas eu queria estar lá com minha mãe nesse momento, e ela pediu que eu ficasse com ela mais uns dias depois da sua cirurgia. E eu pensava: "Meu Deus, o que eu faço? Eu quero estar com minha mãe, mas também tenho meu emprego, uma criança de apenas 1 aninho de idade e um filho que precisa de mim". Meu desejo era não voltar; queria deixar tudo para trás, até mesmo meu emprego, para estar com minha mãe.

Mas tinha a questão com alguns de meus irmãos. Eles não me aceitavam lá e parecia que me odiavam. Como na passagem bíblica, em que os irmãos de José o odiavam.

E minha irmã me falou: "Vitória, fala pra mãe que você vai ficar aqui até ela fazer a cirurgia e ter alta, que daí ela vai ficar tranquila, e você pode ir; depois você volta". Então, menti para minha mãe que só meu marido ia embora e que eu iria ficar na casa dela, com a Maria e com o Emanuel, esperando por ela e orando para tudo dar certo, para ela vir bem rápido para casa. Ela acreditou que eu estava lá esperando por ela e ficou feliz. E eu vim embora chorando.

Retornei ao trabalho muito angustiada; só chorava. Então, falei com minha chefe, a Clara. Expliquei a situação, e ela me entendeu, disse que, se eu precisasse de uns dias para ficar com ela, eu podia tirar folga, que não tinha problema. Então me programei e fui com minha filha para mais uma longa e sofrida viagem.

Saímos de Porto Alegre às 8h da noite e só chegamos lá no outro dia às 2h da tarde. Eu ia com o coração nas mãos, sentia medo do trânsito à noite e estava com minha filha muito pequena. O dia amanhecia e em mais algumas horas chegaríamos de viagem. Eu agradecia a Deus por estarmos bem. Ao chegar em casa, não encontrei minha mãe. Em casa, só estava meu filho Emanuel, morando sozinho. Um dos meus irmãos tinha levado minha mãe para a casa dele. Mesmo sabendo que não seria bem-vinda na casa dele, eu fui. Minha vontade era de não o ver, mas pela minha mãe eu enfrentaria qualquer coisa. Eu também sabia que minha presença era importante para a recuperação dela.

Ver minha mãe doente e fraquinha me cortava o coração. Ela reclamou para mim que não queria ficar na casa desse filho, pois ela tinha a casa dela. Ela me pediu para eu morar com ela, que ela não queria mais ficar ali. Lembro das palavras dela: "Filha, vamos para a nossa casa. Eu te ajudo a cuidar da Maria. Está muito ruim ficar aqui. Não gosto de morar na casa dos outros, e nós temos a nossa casa. Pede para o Augusto arrumar um emprego aqui; quero que vocês cuidem de mim".

Eu não sabia o que fazer. Não era uma situação fácil. Meu filho também não estava bem, e ainda tinha as brigas pela casa que eu tinha feito a pedido da minha mãe. Mas esses dias que eu estava com eles eram sagrados para mim, e eu aproveitava cada momento para demonstrar meu amor por eles. Então chegou novamente o dia de eu vir embora e da triste despedida. Minha mãe já estava me perguntando que dia eu viria de novo. Isso doía na minha alma, e uma angústia me acompanhava: talvez eu não os encontrasse vivos na próxima visita.

Passaram-se 15 dias, e minha mãe chorava e chamava por mim; queria me ver. E lá fomos eu e a Maria novamente. Eu agradecia a oportunidade de reencontrá-los vivos, pois era um milagre. Não aguentava mais sentir essa angústia de perdê-los; esse medo já não cabia mais em mim, e minha mãe persistia em pedir para eu voltar a morar com ela.

Eu estava entrando em desespero. Vi que precisava da ajuda de alguém para me orientar. Então, procurei a assistente social da fábrica em que trabalhava. Depois de horas de conversa com ela, ela me orientou a conversar com meus superiores da fábrica e ir aproveitar o tempo que ainda restava de vida com a minha mãe e resgatar meu filho. Porém, antes de conversar com meu superior no meu trabalho e pedir demissão, eu tentei uma conversa com meus irmãos para levar minha mãe de volta para casa, pois eu ficaria com ela, já que esse era o seu desejo, mas eles não aceitaram.

Mesmo assim, eu queria ir e ficar perto dela. Sentia que ela estava triste e me queria lá, mas fiquei pensando: "Será que eu estou tomando a decisão certa?". Então fui para a igreja orar e pedir a Deus que me desse a palavra e que Ele falasse comigo, me ajudasse a tomar a decisão certa. E a palavra que veio foi a passagem de Noemi (Rute 1:2-5), que saiu de uma cidade para a outra e lá teve seus dois filhos e o marido mortos. Eu senti muita dor no meu coração e não entendi. Perguntei para o meu Deus: "Por que essa palavra? O que tem de tão mal lá que não posso ir? Não entendo, meu Senhor. Minha mãe quer que eu esteja com ela, este sempre foi seu desejo. E eu quero estar com ela e com meu filho, pois os dois precisam de mim". Mas não tive mais respostas, e senti que algo terrível ia acontecer se eu fosse. Então, decidi não voltar para morar lá, e para minha mãe ficar mais calma eu prometi que iria uma vez por mês visitá-la e ficar uns dias com ela. Falei que só no final do ano eu iria pedir demissão no meu trabalho e iria embora morar com ela. Ela ficou confiante e disse: "Está bem, Vitória, eu vou te esperar até o final do ano".

Assim se passaram os dias e meses. A cada mês, eu e minha pequena filhinha, Maria, fazíamos uma longa viagem, de quase mil quilômetros, para ver minha mãe e meu filho Emanuel. Eu aproveitava essas oportunidades para que Emanuel se apegasse à irmãzinha. Os obstáculos, as dificuldades e a distância nunca me impediram de demonstrar meu amor por eles, e por eles eu atravessava fronteiras em nome do amor. Porque, como diz o ditado, para o amor não existem fronteiras, e se fosse preciso, atravessaria o oceano, e eu sabia que o barco não viraria, porque Jesus estava comigo.

Mas as lutas eram a cada dia maiores. Sentia o fardo cada vez mais pesado para mim. Comecei a ter sonhos com meu filho; sempre sonhava que ele estava em perigo. Sabia que lá ele estava sozinho, não tinha nenhum familiar com quem pudesse contar.

Eu rezava dia e noite, entrava madrugadas pedindo a Deus para protegê-lo. Às 6h da manhã, fazia minha oração, e ouvia hinos de louvor antes de começar meu dia de trabalho, para acalmar minha alma. Minha rotina começava assim, e, após isso, levava a Maria para a escolinha e ia para o meu trabalho. Pedia a Deus por pessoas boas na minha vida, que pudessem me acolher, me ajudar nesse momento tão difícil.

Ver seu filho em perigo é um sentimento que não desejo para nenhuma mãe. E eu não podia falar, não podia contar com muitas pessoas à minha volta, pois existe um preconceito sobre isso. Como a cidade é pequena, não queria que ele fosse visto como um menino ruim, ou do mal, pois eu sabia que meu filho era bom, de bom coração. Ele, na fraqueza dele, se deixou levar pelo caminho considerado *mais fácil* ou até mesmo que não permite sentir tanto os problemas. Tudo que ele queria era não sentir o que estava passando. Mas, na verdade, é um caminho tortuoso, o mais difícil.

No meu trabalho, eu tinha vontade de chorar o tempo todo, mas não podia; precisava trabalhar. Só que segurar o choro, segurar toda essa dor, só me deixava mais triste. Minha vontade era ficar em casa, com minha filha. Mas hoje eu vejo que o trabalho me dava forças, me distraía. Ainda bem que não abandonei meu trabalho, pois eu tenho pessoas boas lá ao meu lado, assim como pessoas não tão boas, como em todos os lugares encontramos. Mas Deus sempre mandava anjos para a minha vida.

Sempre no final do dia eu estava exausta, muito cansada. Buscava a Maria na escolinha. Depois de cuidar dela, dar atenção, banho e jantar, era hora de dormir. Maria dormia, e eu, tomada pelo cansaço do dia e já sem forças para me ajoelhar, me deitava e entrava em sintonia com Deus, agradecia por mais um dia vencido, mais um dia que passou.

E era assim, um dia de cada vez. Eu pedia para Deus cuidar de mim, da minha filha, do meu marido, mas principalmente de quem não estava perto de mim, da minha mãe e do meu filho. Sentia-me angustiada e impotente. Pressentia que meu filho estava em perigo e que minha mãe estava com dor. Eu pedia a misericórdia de Deus, que ele os visitasse por mim, que enviasse anjos para cuidar deles, olhá-los por mim, que não podia estar lá todos os dias. Assim eu adormecia.

Às 3h da madrugada, o meu telefone despertava. Era hora de me ajoelhar, orar, porque eu fazia campanha de oração todos os dias de madrugada, pela libertação de Emanuel. Enquanto eu orava, eu via uma nuvem preta por cima de meu filho, um sinal de que ele estava em perigo, que precisava de muitas orações.

Às 5h da manhã, o despertador do telefone tocava novamente, pois era hora de acordar, arrumar a Maria para ir à escolinha e me arrumar para ir trabalhar. Eu estava sem forças, depressiva, com medo. Não queria sair da cama, mas eu não podia me dar ao luxo, precisava ser forte, pois meus filhos precisavam de mim. Eu buscava forças muitas vezes onde parecia não ter, então saía da cama novamente, ligava a televisão e de joelhos orava e ouvia os meus hinos de louvor preferidos, da Mara Lima. Naquele tempo, Maria acordava e vinha até mim; parecia que ela sentia o que eu estava sentindo, abraçava-se a mim e, de joelhos, cantava e orava comigo. Quem canta, ora duas vezes. Isso me dava forças, Jesus disse: "Onde dois ou mais estiverem reunidos em meu nome, ali eu estarei". Eu sentia Jesus conosco, e assim íamos à luta, eu e Maria. Assim também foi nascendo em mim um desejo de adorar Jesus com louvores. Então fiz mais uma promessa: louvarei o Senhor por toda a minha vida. Comprei uma caixinha de som e comecei a ensaiar meus hinos, prometi a Deus que, se meu filho viesse para casa, o primeiro louvor que cantaria na igreja seria o louvor *Filho*, da cantora Mara Lima.

O tempo passou voando. Maria estava completando 2 anos e nós não podíamos deixar passar em branco, mesmo com minha mãe doente e meu filho com seus problemas. Comemoramos com uma linda festa, com muitos brinquedos. Minha Maria se divertiu a festa toda com seus colegas. Tirou muitas fotos; ela adora.

Dessa vez, minha mãe não veio. Como eu senti falta dela, como eu queria que ela visse a neta feliz, brincando, pulando, correndo! Ela ia ficar feliz de ver a Maria bem.

Minha filha me fazia sentir que nem tudo eram problemas, que eu precisava aproveitar aquele momento com ela, voltar a ser criança, sorrir. Mas não era fácil, pois minha ligação com minha mãe era muito grande (não era; ainda é).

Mas eu e minha mãe arranjávamos forças, pois sabíamos que no fim do ano eu iria vê-la, voltaríamos a morar juntas, para eu cuidar dela com todo o carinho que ela merecia. Todos os dias que eu ligava para falar com ela, ela dizia: "Filha, está cada dia mais perto de você vir; eu estou te esperando". E completava: "Até o final do ano, como prometi, vou te esperar. Vem, filha! Você vai ver que o Emanuel vai mudar, e você vai ter um homem dentro de casa, que vai te dar muito orgulho, porque Deus é pai e não padrasto. Está bom, minha filha?". Com o coração partido, eu dizia: "Está bem, mãe, no final do ano eu vou pra ficar com a senhora, como te prometi".

Isso era triste para mim, pois eu sabia que não era possível eu voltar para lá, morar lá, pois iria desestruturar toda a minha vida. Também tinha a situação com alguns dos meus irmãos, os quais não me aceitavam lá de jeito nenhum. Só Deus sabe como eu sofri com essa situação, de ver minha amada mãe em sofrimento e não poder fazer nada. Ela relatava que era muito triste para uma mãe ficar longe de uma filha que viveu uma vida inteira com ela do seu lado e hoje estava tão longe, e que ela não aguentava mais de saudades. Eu a entendia perfeitamente, porque a dor de saudades que ela sentia de mim, eu também sentia dela e do meu filho. Por mais difíceis que estivessem as coisas, eu fazia o que podia pela minha mãe.

No mês de outubro, mais uma grande decepção. Eu sabia que meus irmãos tinham ciúmes pela casa e não queriam me ver ali, mas eu não imaginava tamanha maldade. Eles sabiam do problema que meu filho Emanuel tinha com as drogas e planejaram uma cilada para que ele fosse preso. Assim, eles poderiam tomar conta da casa. A ideia deles era combinar com os homens do oba-oba para plantar drogas na casa e chamar a polícia para fazer uma batida na casa e encontrar drogas. Claro que tinha drogas de seu uso, mas eles aproveitaram e colocaram mais drogas para incriminar Emanuel. Mas, graças a Deus, Emanuel não estava em casa.

Nossa! Meu mundo desmoronou. Senti muito ódio. Sabia que era coisa dos meus irmãos, que tinham armado tudo isso, pois uma semana antes tinha sonhado com eles armando, e no sonho vi a cara de quem participou de tudo. Meus sonhos me traziam sinais. Eu estava aqui, orando para ele se libertar, e os tios queriam vê-lo no fundo do poço. Tudo por causa de bens materiais, tudo por causa de uma casa. Eu não podia acreditar no que estava acontecendo; isso era demais para mim.

Nesse momento de dor e angústia, eu me ajoelhei, chorando lágrimas de sangue. Clamei por Deus, pedindo justiça divina, que meus irmãos não conseguissem o que estavam planejando fazer. Eu queria justiça. Meu filho também não estava certo, e nada justifica o que ele estava fazendo com a vida dele, mas a própria família fazer isso? Eu conversei com Deus, contei tudo que estava acontecendo, que eu tinha feito aquela casa com a melhor das intenções e "não sei mais o que fazer. Meu Pai, entrego meu filho em Tuas mãos. Senhor, dê todos os livramentos a ele, em nome de Jesus, porque sei que só em Tuas mãos ele estará seguro. Eu sei que o perdão é necessário, mas não consigo perdoar-lhes, por isso peço que o Senhor lhes perdoe por mim, e me perdoe por eu não conseguir perdoar".

Aquele dia foi agitado demais, triste demais. Meu coração estava em pedaços. Eu queria poder colocar meu filho no colo, trazê-lo para perto de mim, mas o tinha entregue ao Grande Pai. À noite, fui colocar a Maria para dormir, tentando não mostrar minha tristeza para ela. Ela dormiu, mas eu não conseguia dormir; parecia que eu ia morrer com aquela dor de ver meu filho naquela situação. Fora de casa, Emanuel ganhou abrigo na casa da mãe de um amigo, e no dia seguinte voltou para casa. Ali era sua casa desde quando tinha 1 ano de idade. Mas meus irmãos, de novo, chamaram a polícia para vir prendê-lo. Os policiais foram lá e revistaram toda a casa. Nenhuma droga foi encontrada.

Era um turbilhão de coisas acontecendo, e o câncer terminando com minha mãe. Com a alma angustiada, pedi com toda minha fé que Deus me enviasse uma luz, um anjo: "Meu Deus, não vejo saída". Nesse momento, como que num passe de mágica, ouvi uma voz dizendo: "Filha, o anjo já te enviei, ele está ao seu lado". Então virei rápido meu rosto e avistei Maria dormindo num sono profundo, feito um anjinho. Na hora, não entendi e me perguntei: "Será mesmo a Maria o anjo para me ajudar?". Nem sempre eu entendia as respostas e os planos de Deus, mas confiava neles mesmo sem entender. Abracei-me a ela e adormeci até o amanhecer. Acordei com as forças renovadas, vida que segue. Eu continuei a orar por um milagre.

O mês mais esperado chegou: dezembro. Chegou a hora de ir ver minha mãe, pois ela me esperava. Eu sabia que ela pensava que eu iria de mudança para lá e, sinceramente, minha vontade também era de estar com ela, mas um tempo atrás eu tinha pedido para Deus que eu queria o que ele tivesse de melhor para minha vida, e lá com certeza não era o melhor para mim, pois estava rodeada de inveja e maldade. Aquele não era mais meu lugar, nem para minha mãe, pois ela não merecia mais passar por tudo aquilo. Depois do Natal, no dia 26, o estado de saúde dela começou a se agravar. Como a pessoa correta que sempre foi, antes de partir, ela fez um pedido para meus irmãos: que eles me devolvessem todo o dinheiro que eu havia gastado na casa. Foi seu último pedido e último Natal, pois, no dia 29, minha querida mãezinha partiu para junto de Deus. Antes de ela partir, eu segurei suas mãos, chorando, e disse para ela que eu sempre a amaria, mesmo longe dos olhos físicos; que eu nunca a esqueceria e que ela estaria sempre comigo, dentro do meu coração. As lágrimas escorreram de seu olhar, e ela apertou minha mão. Abracei-a forte e dei o último beijo. Então ela fechou os olhos para sempre. Nunca vou esquecer esse momento.

Horas depois, vi-a chegando em um carro da funerária. Vieram-me imagens de tantas vezes que ela chegava em casa sempre sorrindo. Mas Deus a quis ao lado dele. Ver minha mãe ali, dormindo o sono eterno... quanta tristeza, quanta dor! Eu fiquei ali, ao lado dela, até o fim.

No momento de maior desespero, minha filha, ou melhor, minha anjinha, apareceu. Surgiu como um anjo enviado por Deus. Ela veio ao meu encontro e me deu sua mão, tão pequena, mas tão importante naquele momento. Ela me abraçou e com suas mãozinhas secou minhas lágrimas. Nossa, Maria foi um presente de Deus que veio para me dar forças. Eu e Maria abraçamos minha mãe.

Naquele momento, meu filho Emanuel também veio nos abraçar, e foi a mais triste das despedidas. O último adeus para minha rainha guerreira, meu porto seguro. Eu pensei: como Deus é bom! Ele sabia como eu sofreria sem minha mãe e, antes mesmo de levá-la, me enviou Maria para me dar forças, um consolo.

Eu pedia: "Desculpa por eu não ter sido forte o suficiente e se em algum momento te decepcionei ou te magoei. Me perdoa. Eu fiz o que pude, minha mãe. Descansa em paz...". O que me deixou confusa foi que ela falava que me esperaria até o final do ano, que queria viver o resto de sua vida comigo, e morreu no dia 29 de dezembro e foi sepultada no dia 30.

Se não bastasse toda a minha dor, veio minha sobrinha me falar para levar meu filho comigo, porque, se não, logo teria que vir enterrá-lo, como estou enterrando minha mãe. Ela completou, falando que, se não fosse para enterrá-lo, iria visitá-lo na cadeia. Eu falei que agora meus irmãos não iam ter muito mais por que brigar com Emanuel, e ela disse: "Não, tia, eles vão longe ainda". Eu falei: "Não, minha sobrinha, Deus é maior, e logo, logo, vai começar a voltar todo o mal que me fizeram. Meus irmãos vão começar a colher o que estão plantando". Em seguida, veio outra sobrinha e me falou a mesma coisa: que eles já estavam armando para ele ser preso ou morto, só por causa dessa casa. Eu falei para ela: "Minha sobrinha, eu só vou vir enterrar meu filho ou visitá-lo na cadeia se Deus permitir, porque eu já o entreguei nas mãos de Deus e entreguei também esta casa". Minha terceira sobrinha chegou perto de mim e falou: "Tia Vitória, teus irmãos vão pagar tudo que te fizeram".

Após esses dias de sofrimento, chegou o dia 31 de dezembro. Para minha surpresa, meus irmãos fizeram festa com fogos de artifício e muitas bebidas. Eu não tinha clima para aquilo, mas tinha mais alguns dias de férias, e aproveitei para ficar pertinho do meu filho, recebendo o carinho de quem entendia minha dor.

Voltei para minha cidade, em Porto Alegre, e todos os meus pesadelos pareciam ser reais. Sonhava com meu filho em perigo, que meus irmãos iriam conseguir o que tanto queriam. Minha mãe vinha em meus sonhos; parecia tentar me acalmar, me falando que eles iam pagar pelo que estavam fazendo comigo. Sei que minha mãe não desejaria o mal de nenhum filho, que aquilo poderia ser um desejo meu inconsciente, mas aquilo me acalmava muito. Na noite seguinte, ela veio novamente em meu sonho. Dessa vez, ela falou: "Não se preocupe, minha filha. Eles têm muita inveja de você, porque você sempre foi uma pessoa do bem e muito boa comigo". Na terceira noite, minha mãe veio mais uma vez ao meu sonho, para falar: "Fica tranquila, porque eles vão ter que acertar o que é teu. Se não, eles não vão ter paz". Como era bom rever minha mãe, mesmo que em sonho! Parecia que ela estava mesmo ao meu lado.

A vida seguiu, com saudade de Emanuel, saudade da minha mãe. A dor do luto, dessa perda gigante. Não demorou muito para meus irmãos começarem a brigar com meu filho e armar para tirá-lo da casa, dizendo que a casa era herança e que iam esperar nosso pai morrer para fazer o inventário. Mais uma vez, ligaram para a polícia, dizendo que lá tinha drogas, mas graças a Deus nenhuma droga foi encontrada. Eu custava a acreditar que eles queriam o mal do meu filho, que queriam vê-lo no fundo do poço, porque era o sobrinho deles.

Eu já orava há anos pela libertação do Emanuel e estava extremamente cansada e angustiada; parecia que eu estava perdendo minhas forças. O tempo passava rápido e devagar ao mesmo tempo, e começaram a faltar palavras. Dia após dia foi assim, até que um dia as palavras acabaram, e as forças fugiram de mim. Eu me joguei no chão e, em silêncio, a fé queimava o meu peito. Eu falei para Deus que não aguentava mais, que Deus afastasse de mim esse cálice. Naquele instante, como um relâmpago, vi Jesus pregado na cruz. Fiquei em choque e, em lágrimas, falei: "Perdoa-me, Senhor. Se não for possível, que seja feita a Tua vontade". No momento, não entendi por que Deus me mostrou Jesus na cruz. Fiquei pensativa por alguns dias. Perguntava-me: "Será que vou perder meu filho para as drogas?".

Sempre ouvia que no mundo das drogas existem dois caminhos: cadeia ou caixão. Ainda mais com meus irmãos armando para cima de Emanuel. Mas eu não aceitava isso, de jeito nenhum, perder meu amado filho, meu primogênito, assim, dessa forma. Mas ver Jesus na cruz me fazia pensar que não ia conseguir recuperá-lo. Uma amiga, tentando me ajudar, me disse: "Você já fez demais pelo seu filho. Viva a sua vida". Porém, eu o amava demais para abrir mão assim.

Continuei a orar, pedindo que Deus fizesse com que ele viesse para perto de mim, que eu ia procurar acertar onde tinha errado e ia dar todo o meu amor para ele. Eu já tinha entendido que ele precisava era de amor e de alguém para ajudá-lo, não para empurrar ainda mais para o fundo do poço. Que tipo de mãe eu seria abrindo mão do meu filho? Pedia que Deus o confiasse de volta para mim. Que iria reeducá-lo para ele ter uma vida digna e poder viver em sociedade. Mas se não fosse possível eu ter meu filho de volta, dizia: "Senhor, entrego-o em Tuas mãos, é Teu. Leva ele do Seu jeito e não do jeito que meus irmãos querem". Mas como isso doía em mim. Eu queria morrer se Emanuel morresse; não ia conseguir viver com essa dor de perder um filho.

Confesso que tinha medo de dormir e amanhecer morta. E Maria, tão pequena, o que seria dela? Então abraçava a Maria e renovava minhas forças. Emanuel também precisava de mim.

Naquele momento percebi que precisava da ajuda de um profissional para me orientar a ajudar o Emanuel. Fui desabafar com a Ana, psicóloga da escolinha da Maria. Depois dessa conversa com ela, me dei conta de que eu precisava mesmo de ajuda, precisava estar mais forte, para depois conseguir ajudar meu filho, pois minhas forças eram poucas; sentia que não conseguiria nada sozinha.

A Ana me indicou a psicóloga Carolina Antunes. Apelido de Carol. E logo entrei em contato, pois eu queria muito uma solução para aquela situação que estava vivendo e ajudar meu filho. Agendei meu primeiro horário com ela e iniciei meu processo de terapia. Eu gostei da Carol, mas confesso que, no primeiro momento, tive o pensamento de que ela era muito jovem para me ajudar. Mas logo vi o conhecimento dela, e ela me acolheu de tal jeito que eu brinco que coloquei tudo para fora *vomitando*. Como é bom ter alguém para ajudar a gente. Percebi que já não estava mais sozinha. Eu tinha um apoio, uma pessoa que entendia meu sofrimento. Sessão após sessão, comecei um novo processo de renascimento, e aos poucos fui perdendo o medo e me fortalecendo. Já me sentia mais forte e firme.

As minhas orações voltaram a ter força. Orava novamente pelas madrugadas. Lembro-me de um dia em que, orando, falei que já fazia tanto tempo e o Senhor não atendia a esse meu pedido. Tantos milagres Ele já tinha feito na minha vida, por que esse estava tão difícil? Eu pedia e desejava que meu filho voltasse para mim, voltasse para o caminho de luz. Deus não me deixou sem resposta, me falou que, para isso acontecer, precisa ser desejo dele.

Nossa! Que resposta maravilhosa de Deus! Agradeci a Ele e falei que ligaria para falar isso a Emanuel, mas também iria pessoalmente visitá-lo e falar para ele olhando em seus olhos que o Senhor ouviu minhas orações, mas que ele também precisa pedir para Deus e querer sair daquela vida. Mal podia esperar uma oportunidade de vê-lo, de segurar suas mãos e olhar no fundo dos seus olhos, de falar tudo isso. Enquanto isso, a saudade queimava em meu peito. Pegava nossas fotografias e relembrava momentos felizes que passamos juntos. Uma noite sonhei com meu amado Emanuel, ele chegava até mim, arrependido e chorando, me abraçava. Que maravilhoso foi aquele sonho. Como queria que isso acontecesse de verdade na minha vida!

Esse ano, de 2018, foi um período de tratamento. Passou rápido, e o final do ano chegou novamente, um ano do falecimento de minha mãe. Eu estava de férias, ia poder ver meu filho, mas minha mãezinha... só poderia rezar por ela no cemitério. Mas, para mim, ela não tinha morrido, apenas partido para junto de Deus, pois as pessoas que amamos nunca morrem; apenas partem antes da gente, e ela está viva no meu coração.

Finalmente, depois de um ano, ia poder ver meu filho, que tinha ficado sozinho. Ao chegar e ver meu amado filho jogado, sem nada, pois meus irmãos tinham passado a mão em tudo que tinha na casa, fiquei muito triste. Sorte que a vida coloca anjos na nossa vida e na vida de quem amamos, pois uma vizinha de bom coração o estava ajudando, assim como meu sobrinho Gustavo, que todos os domingos buscava o Emanuel para almoçar com ele. Dona Chica e Gustavo foram dois anjos na vida de Emanuel.

Foi muito bom estar com ele. Conversamos muito, falei o quanto eu o amava e que estava orando muito por ele e que meus joelhos estavam descascados de tanto me ajoelhar e orar por ele. E falei a ele que Deus já tinha respondido minhas orações, que era hora de ele pedir para Deus. Ele precisava pedir a Deus e querer sair dessa vida. Eu o questionei: "Você acredita que Deus me respondeu? E que é hora de você pedir?". Ele balançou a cabeça e falou que sim, que acreditava, e que já estava pedindo a Deus isso também.

Eu o convidei para ir embora comigo, pois eu poderia ajudá-lo a ficar melhor; ele iria mudar a vida dele. Falei que lá, perto dos meus irmãos brigando pela casa, armando para ele ser preso, ele não ia conseguir mudar de vida. Mas a resposta foi negativa e eu aceitei, pois ele precisava querer essa mudança, e deixei o convite aberto, falando: "Está bem, filho. Caso você mude de ideia, estou te esperando". Organizei a casa, comprei algumas coisas para ele conseguir viver ali novamente com qualidade de vida. Com o fim das férias, era hora de ir embora. Ele abraçou muito a irmã e falou que era para ela ir mais vezes ver o mano, pois iria ficar com muita saudade dela. Partiu-me o coração ver e ouvir aquilo; poderia ser mais fácil se ele quisesse.

Retomei minha rotina, mas sempre com o pensamento de que já fazia seis anos que eu estava longe do meu filho e queria estar perto dele. Mas eu não ia desistir disso. Uma hora esse dia chegaria, e, nesse tempo de luta e de oração, percebi como Deus é grande. Tantos livramentos já tinha dado ao meu filho, me perdoou pelos meus pecados e me abençoou com um bom marido, me deu mais uma filha linda, um anjo iluminado. Reconheço Deus como único e verdadeiro salvador e dono de minha vida. Eu Lhe agradeço por tudo que tem feito por mim. Eu consegui reconstituir minha vida.

Mas meu filho estava tão longe, e eu sentia tanta saudade! Então falei: "Meu Pai, Paizinho, faz com que ele enxergue que este caminho não vai levá-lo a lugar nenhum. Envie anjos ao redor dele e que esses anjos não se distraiam por nenhum minuto dele. Vai derrubando as muralhas, arrebentando as correntes que o estão impedindo de sair desse mundo. Sei que o Senhor tem o poder de mudar nossa história. Ajude-o, porque sozinho ele não vai conseguir. Prometo que se, esse milagre acontecer, vou dar meu testemunho, levarei essa mensagem aos quatro cantos do mundo, para tantas mães que sofrem com um filho nas drogas".

Foi então que me surgiu a ideia de escrever minha história. Era um passo grande para mim, pois teria que reviver muitos momentos de sofrimento da minha vida. Vivenciar momentos desde o milagre do meu nascimento, e não sabia o fim da história ainda. Mas eu iria colocar tudo no papel, principalmente os milagres por mim vividos e o quanto Deus fez parte deles, pois Ele nunca me abandonou. Contei para a Carol, minha psicóloga, e ela na hora me apoiou e se prontificou a me ajudar. Penso hoje que tudo que eu sofri e enfrentei foram momentos que me deixaram mais forte e que, com isso, eu poderia ajudar, passando minha história de fé para outras pessoas. Eu prometi que este livro vai ser para a honra e a glória de Deus, que ajudarei mães que sofrem com filhos nas drogas e apoiarei clínicas de reabilitação.

E também crianças e mulheres vítimas de abusos.

Chegou o mês de abril, e eu teria uma semana de férias para visitar Emanuel. Fomos eu, minha filha e meu marido para lá. Eu precisava conversar olho a olho com meu filho, e contei para ele essa minha decisão de escrever a minha história, que se transformaria na história dele também. Mas falei a ele que não queria escrever em meu livro que ele foi preso e muito menos morto. Eu falei que não queria ser chata ou repetitiva, mas que ele precisava mudar sua vida, parar com esse mundo das drogas. Ele tem família, podia contar comigo, com o Augusto e, claro, com a maneira que a Maria pudesse ajudá-lo também. Ele precisava entender nosso sofrimento. Que exemplo daria à irmã? Reforcei meus sonhos, não pesadelos ou medos. Eu queria ver nossa família morando no mesmo lugar, com carinho, poder abraçar meus dois filhos todos os dias. Eu também falei algo que trabalhei muito na terapia, que consegui ver que a questão material da casa estava me deixando presa a algo ruim e que isso também o estava afetando, pois ele também estava muito apegado à casa, mas era só uma casa. Por mais que eu tivesse trabalhado duro para conseguir dar a casa de presente para minha mãe, ela não me trazia coisas boas, pois se tornou motivo de briga e ódio na minha família. Eu precisava falar isso para ele, pois, quando eu comecei a aceitar não ter mais esse dinheiro de volta, parecia que a luz voltava à minha vida. Eu terminei falando que ele continuaria nas minhas orações diárias e que eu estaria sempre de braços abertos para ele.

Passamos uma Páscoa maravilhosa. Aproveitei essa viagem para ficar com meu pai, ouvir suas histórias, tomar chimarrão com ele. Também para rever amigos, matar a saudade de todos que me queriam bem. Fui até o cemitério levar flores, acender velas e rezar para a mãe. Novamente a despedida, mas Maria, na hora de dar tchau, falou para o irmão que queria que ele viesse também, que ia ficar com saudade dele. Foi uma surpresa para mim e para ele também. Tão pequena e tão sábia!

Naquela viagem, também comprei meu computador. Logo quando cheguei, comecei a escrever meu livro, minha história. Estava em sofrimento, vivendo o luto, então me veio a inspiração de começar a escrever meu livro bem no Dia das Mães. Ano de 2019, um domingo, dia 12 de maio, e a dedicatória foi a ela. Ela é uma das estrelas mais brilhantes do meu céu. Sinceramente, eu não sabia como seria o final dessa história. Mesmo eu tendo muita fé em Deus e acreditando em um milagre, confesso que tinha muito medo de ter que ir enterrar ou visitar meu filho na cadeia. Mas esperava, e algo me dizia que até o final da escrita do livro meu milagre iria chegar.

Orar pela libertação de Emanuel tinha se tornado um hábito na minha vida. Meu ritual diário de orações, às 3h da madrugada e às 6h da manhã, era ficar de joelhos no chão pedindo a Deus para cuidar do meu filho, preparar o caminho e guiar seus passos. Sei que não posso estar com ele em todos os momentos, mas eu peço: "Senhor, vá até onde eu não posso ir e o proteja de todo mal. Não sei o que meu filho está fazendo neste momento, mas o Senhor sabe. Estenda suas mãos poderosas sobre ele. Não somos dignos da Sua presença, mas, com uma palavra Sua, seremos salvos. Amém".

Capítulo 5
AS MUDANÇAS E OS MILAGRES DA VIDA

Ano de 2019, dia 12 de junho, uma quarta-feira. Um lindo dia, ensolarado. Acordei sentindo algo diferente, mas, como de costume, todos os dias pelas 6h da manhã, antes de ir trabalhar, dobrei os meus joelhos e disse minha oração e o meu agradecimento a Deus. Sempre pedi uma única coisa: bênção sem medida sobre meu filho Emanuel, que estava lá em Foz do Iguaçu, tão longe de mim. E, claro, orava também por minha filha, Maria, e por meu marido, Augusto, que é caminhoneiro.

Porém, naquele dia, algo diferente estava acontecendo. Senti que o universo conspirava a meu favor e senti muito forte que Deus estava agindo em minha vida. Era uma sensação de que minha vida mudaria, mas não sabia como. Há muito tempo, entreguei meu filho nas mãos de Deus, porque sei que nas mãos Dele Emanuel estaria seguro.

E Deus tem ouvido minhas preces e dado vários livramentos para o meu filho. Em minhas orações, sempre falei com Deus sobre o quanto meus problemas são tão pequenos diante da grandeza Dele. O Senhor vem abrindo portas e janelas, derrubando muralhas, arrebentando correntes que estão impedindo o meu filho de vir para perto de mim.

Mas, para mim, parecia ser impossível o meu filho vir até mim. Só pedia a Deus que o guiasse, pois apenas o Senhor sabia o que era melhor para ele. Se fosse desejo Dele, que ele ficasse por lá, mesmo longe de mim. Só queria que ele conseguisse mudar sua vida, encontrasse seu caminho, vivesse um amor e fosse feliz! Só assim eu suportaria a saudade dele.

Queria ser aquela mãe desnecessária, mas ao mesmo tempo que ele soubesse que podia contar comigo. Que ele fosse livre para voar como um passarinho e aprendesse com seus próprios erros e encontrasse seu caminho, e eu estaria ali de braços abertos, com o peito aberto para o aconchego, o abraço apertado, o conforto nas horas difíceis. Uma mãe tem que saber, por mais difícil que seja, que cria seus filhos para o mundo, para serem livres. Esse é meu maior desafio, pois eu queria fazer por ele por muito tempo, até que aprendi que, quanto mais tentava, mais o estava afastando de mim. Talvez meus conselhos fossem vistos por ele como críticas. Mas não, era puro amor e carinho.

Foi muito bom ter meus momentos de oração e de terapia, pois eles me faziam refletir sobre meus comportamentos. E eu comecei a falar para ele que, quando ele precisasse de mim, eu estaria sempre ao seu lado, que ele sempre teria um porto seguro para voltar, uma família para apoiá-lo, uma casa para chamar de sua.

Mas, voltando... Naquele dia, um milagre aconteceu e tenho certeza de que foi Deus que me abençoou com a chegada do meu filho a Porto Alegre. Eu e meu marido estávamos sentados em casa, e a Maria brincando, quando vi a imagem do meu filho chegando na nossa casa. Parecia um sonho. Difícil descrever o que eu senti. Eu só corri e fui abraçá-lo, dizendo: "Meu filho, eu sabia que você viria. Eu sonhei com esse dia, você chegando e me abraçando. Você não sabe como esperei por este dia". Maria também ficou feliz com a chegada do mano. Ria, gritava, pulava, e já foi ajudando-o com as coisas. Augusto também ajudou para que Emanuel se instalasse, e todos o acolheram muito bem, para ele ver que aquela era sua casa.

Eu nem sei como consegui ir dormir naquele dia. Fiquei rezando, agradecendo. Já fui fazendo planos para o outro dia, de acordar cedo, tomar um belo café da manhã e à tarde comprar um tênis novo para o meu filho. Quanta emoção, quanta alegria que não cabia dentro de mim, meus dois filhos perto de mim.

Fazia algumas semanas que eu havia sonhado com dois homens e dois policiais dando tiros atrás do meu filho, pois queriam matá-lo. Nesse sonho, veio uma mensagem: que era para eu me ajoelhar, que Deus iria dar o livramento a ele. E que esses dois homens queriam matá-lo por causa da casa que eu fizera para minha mãe. Então, quando eu acordei, caí de joelhos no chão e orei muito, com toda a minha fé e esperança de mãe. Eu sentia que o mal estava perto dele, mas que Deus o estava protegendo, como eu pedia incansavelmente todos os dias da minha vida.

Relatei esse sonho, pois, quando eu o vi na porta, passou um filme na minha cabeça de tudo o que havia passado, de toda minha angústia e sofrimento. Emanuel veio trazendo apenas suas roupas e algumas fotografias nossas que ele tinha para matar as saudades da família. Ele tinha um carro, que deixou para seu tio Samuel vender. Entre suas coisas, tinha um pedaço de maconha, mas eu sabia que era um milagre meu filho ter voltado para casa, e Deus não faz milagres pela metade; os milagres de Deus são completos, e isso seria questão de dias para ele deixar.

Meu filho chegou faminto. Já foi abrindo a geladeira. Engraçado que eu tinha carnes e um peixe grande no freezer, que há alguns dias tínhamos ido pescar com um casal de amigos nossos, o Daniel e a Bety. Quem pescou o peixe foi nosso amigo Daniel, que nos presenteou. Cada vez que eu abria o freezer e olhava para o peixe pensava em Emanuel, que gosta muito, e não conseguia cozinhá-lo. Quando ele olhou para o peixe, disse: "Uau! Que peixão me esperando! Vamos assar". Ele mesmo foi ao mercado comprar os ingredientes para preparar, e comemoramos com um belo jantar.

Não sei descrever tanta alegria. À noite, não conseguia dormir de tão emocionada. Parecia que estava sonhando. Ao amanhecer, tomamos um café da manhã em família e depois fomos com Emanuel ao *shopping* comprar roupas e tênis novos para ele. Foram três dias de festa, peixe assado, churrasco; fiz também as sobremesas preferidas dele. A felicidade tomou conta da minha casa, como na passagem bíblica em que o filho volta para casa.

Lucas 15:20-24: "Então voltou para a casa de seu pai. Quando ele ainda estava longe, seu pai o viu. Cheio de compaixão, correu para o filho, e o abraçou e beijou".

"O pai, porém, disse aos seus servos: 'Trazei depressa a melhor roupa, vesti-o, pondo-lhe um anel no dedo e sandálias nos pés; trazei também e matai o novilho cevado. Comamos e regozijemo-nos porque este meu filho estava morto e reviveu, estava perdido e foi achado".

Foi um verdadeiro milagre de Deus, que eu tanto esperava: meu filho voltar para casa. Conversamos muito. Emanuel me relatou que estava vivendo uma vida de ilusão que não compensava. Se tinha dinheiro, tinha amigos, festas e bebedeira, mas depois ele ficava em casa, sozinho, bêbado e firmando um pé no outro, pensando na mãe aqui e na irmãzinha Maria. Também no padrasto, Augusto. Ele disse: "Sentia muitas saudades de vocês. Os verdadeiros amigos eram poucos; dava para contar na palma da mão. Decidi vir embora, fazer uma surpresa para você e minha irmã Maria. Mudar de vida!". E disse ele: "Quero dar o exemplo para minha irmã; vocês ainda vão ter muito orgulho de mim, eu prometo".

Assim passamos uma semana de muitas conversas, alegrias, risadas. Eu sabia que o uso de drogas era um hábito muito difícil de largar, principalmente sem ajuda. Mas eu acreditava que, como ele tinha vindo ficar perto da gente, mudando sua vida, ele queria uma mudança maior. Eu sabia que ele tinha começado a sair de casa para fumar, pois voltava para casa transtornado, sob o efeito de drogas e álcool, mas eu, que há tanto tempo estava orando de longe pelo meu filho, agora ia poder orar de perto.

Todos os dias, às 3h da madrugada, com um frio de congelar, eu saía da minha cama enrolada em uma mantinha e ia até o quarto dele, me ajoelhava no lado da cama, colocava a mão em sua cabeça e orava. Em nenhum momento eu desisti do meu filho. Pedia a Deus para que aquele pedaço de maconha que trouxe fosse o último que Emanuel usasse e que não tivesse vontade de comprar mais.

Com muita calma, eu ia conversando com meu filho, dando amor a ele e convidando-o a ir comigo para a igreja. Ele aceitou o convite. Apresentei-o para meus amigos da igreja. Sentia no meu coração que Deus iria fazer o milagre por completo. Tudo na vida exige esforço e sacrifício; temos que perseverar na fé; não podemos desistir na metade da provação. É preciso passar pela prova até o final para ser vencedor.

Passei dias difíceis. Quando se aproximava dos fins de semana, eu ficava com o coração na mão, pois meu Emanuel começava a beber, saía para fumar maconha e voltava sob o efeito, transtornado. Mas eu estava ali, firme, esperando-o. A musiquinha do portão tocava, e eu respirava aliviada; agradecia a Deus por ele voltar bem para casa.

Mas ele chegava transtornado, revoltado e triste. Eu percebia que ele estava sofrendo. Não era fácil para ele; então eu o abraçava e dizia que o amava. Levava ele comigo para meu quarto, e ele dormia. Eu olhava para o estado em que meu filho chegava, mas conseguia ver a grandeza de Deus, pois eu havia pedido a Deus que confiasse meu filho de volta para mim, que ia acertar onde eu tinha errado, e Deus cuidou dele, o protegeu de todos os perigos e armadilhas do inimigo e o entregou em minhas mãos do jeito que estava, no fundo do poço, para que eu desse a mão para ele e o ajudasse a sair.

Em nenhum momento eu desisti do meu filho, que estava na minha frente, perdido nas drogas. É fácil amar um filho todo certinho, mas e este filho que em algum momento se desviou do caminho e precisava de ajuda? Foi pelos pecadores que Jesus sofreu pregado numa cruz até derramar sua última gota de sangue e morreu pelos nossos pecados, foi por mim, por Emanuel e por todos nós.

Senti que era isso que Deus queria de mim. A Bíblia diz que nós devemos orar uns pelos outros, e era meu dever de mãe cuidar desse filho que Deus confiou a mim. Fazer minha parte; o impossível e o milagre é Deus quem faz. Eu acolhi bem meu amado filho, mas também fui firme, não baixei a guarda. Entendia que não era fácil para ele ter saído de sua cidade, deixando tudo para trás, a nossa terra natal, como eu um dia deixei.

Neste deserto, sofri e chorei, até que Deus me deu o mais lindo presente, a Maria. Ela me ajudava a cuidar de Emanuel, dava amor para ele. A primeira coisa que ela fazia quando acordava era ir ao quarto do irmão para dar um beijo e um abraço de bom dia nele. Eu percebia como os dois se amavam; ela era uma terapia para ele.

Nesses anos todos, Deus também me enviou pessoas maravilhosas, como anjos na minha vida. Eu fui conquistando amizades. Uma delas é a minha psicóloga, Carolina Antunes. Carol me deu a mão quando eu estava no fundo do poço. Eu tenho certeza de que foi Deus que cruzou nossos caminhos, e ela tem um lugar especial no meu coração. Com a sua ajuda, eu estava pronta para ajudar meu filho. Ela ia me orientando, e eu consegui vencer cada batalha. Quando eu entendi que precisava de Deus, mas também da medicina e da psicologia, tudo ficou mais fácil, e o fardo, que era pesado, foi ficando mais leve, pois a medicina foi deixada por Deus para nos ajudar.

Lembro-me de uma noite em que eu não conseguia dormir. Ficava a caminhar pela casa e a orar. Nessa noite, estava angustiada. Intuição de mãe. As horas do relógio demoravam a passar. De joelhos, chorando, eu orava, mas parecia que Deus estava fazendo silêncio comigo. Falei: "Senhor, não se esconde de mim, o que mais preciso fazer para o milagre acontecer por completo?". Foi ali, naquele momento de conversa com Deus, que ouvi uma voz dizendo: "Eu estou cuidando do seu filho". De novo Ele me responde. Fiz alguns minutos de silêncio e pensei: "Se Deus está cuidando de Emanuel, não vou me preocupar mais com o que os outros pensam".

Em seguida, Emanuel chegou acompanhado de um jovem que me disse que o encontrara em uma lanchonete e que ele não estava muito bem. Por isso, resolveu acompanhá-lo até em casa. Acolhi esse jovem, dando pouso a ele. No dia seguinte, o jovem foi embora, e nunca mais nos vimos.

Nesse mesmo dia, recebi a visita do pastor Joaquim e da pastora Abigail, da igreja que eu frequentava. Eles me questionaram por que eu dei pouso a um desconhecido, mas percebi que Emanuel estava feliz com essa amizade. Também, porque Deus tinha me respondido que estava cuidando de meu filho, e, a meu ver, se Deus estava cuidando, nada de ruim iria nos acontecer. O pastor, tentando nos ajudar, me orientou a conversar com Emanuel para ele ser internado. O pastor explicou que nesses casos só um entre mil consegue largar as drogas, se internado, e que muitos mesmo internados não conseguem. Mas eu acreditei que, se entre mil, um conseguia, então meu filho seria esse um em mil. Abrimos a Bíblia na passagem de João 14:12-24, em que Jesus diz: "Em verdade, em verdade, vos digo que aquele que crê em mim fará também as obras que eu faço e outras maiores fará, porque eu vou para junto do Pai. E tudo quanto pedirdes em meu nome, isso farei, a fim de que o Pai seja glorificado no filho. Se me pedirdes alguma coisa em meu nome, eu o farei. Se me amais, guardareis os meus mandamentos". Com fé nessa palavra, orei pedindo a Deus que Emanuel largasse, de uma vez por todas, essa vida de bebedeiras, drogas e farras.

Um mês e alguns dias se passaram da chegada de Emanuel em casa. Era dia 20 de julho, véspera de seu aniversário, e nessa noite Emanuel não saiu de casa. Mas o percebi inquieto pela casa. Chamou-me para conversar, disse que não estava se sentindo bem. Lembro que era uma noite muito fria. Foi uma noite longa. Depois de muita conversa, falei: "Se você soubesse o quanto eu e Deus te amamos, e que todo esse tempo Ele está te cuidando, entenderia que você não precisa disso". Perguntei se aceitava que eu fizesse uma oração para ele e disse: "Se tiver alguma droga e sentir o desejo de me entregar, vou jogar no lixo, e você nunca mais vai precisar disso". Ele me disse: "Aceito, sim, mãe. Vou parar com isso". Comecei a orar por ele. Assim que terminei a oração, ele me entregou um papelote de cocaína e disse: "Mãe, pode jogar no lixo". Abraçou-me e pediu desculpas. Eu também pedi desculpas a ele, abracei-o e convidei-o a ir comigo para meu quarto, pois queria terminar a noite dormindo abraçada com meus dois filhos.

O dia amanheceu. Dia 21, seu aniversário. Fiz um bom almoço e comprei um bolo para comemorar a data. Eu e Maria chegamos de surpresa com o bolo, cantando parabéns para ele, e brinquei, falando: "Antes de assoprar a vela, reforça o pedido para Deus. Pede que a partir de hoje Deus te ajude a mudar tua história, que consigas um bom emprego nesta cidade, que sigas na igreja o caminho da luz". Ele deu um sorriso, abaixou a cabeça por alguns minutos e assoprou a velinha. Nesse mesmo dia, veio um amigo convidá-lo para fumar maconha, e Emanuel entregou a ele o último pedacinho de maconha que tinha trazido na viagem e disse que não iria mais fumar. Esse rapaz foi embora e nunca mais apareceu em nossa casa.

O choro muitas vezes pode durar uma noite, mas a alegria vem pela manhã. Assim eu passava dia após dia de alegria com meus dois filhos. Emanuel já era um homem, mas ao mesmo tempo uma criança. Eu tinha duas crianças dentro de casa. Muitas vezes era preciso interferir entre os dois. Era lindo de ver os irmãos reclamando um do outro e brincando ao mesmo tempo. Emanuel adorava levar a irmã no parque de diversões. Arrumavam-se lindos e iam divertir-se. Eu ficava em casa cantando de alegria.

Quando chegou o dia 25 de setembro, a nossa princesa completou 4 aninhos. Fomos ao *shopping* comemorar. No mês de dezembro, a família toda saiu de férias. Fomos na minha sogra, na fazenda da vó Juliana, como chama a Maria. Também fomos até Foz do Iguaçu visitar meu pai e alguns irmãos. Passamos a virada de ano com minha irmã Lara, com o cunhado Samuel e meu sobrinho Gustavo.

Estávamos aproveitando. Fomos até o Paraguai fazer compras, depois passamos uma semana na praia. Férias muito felizes em família. Entramos no ano de 2020. Emanuel começou a trabalhar, mas logo em seguida veio a pandemia, e tudo parou. Ele ficou desempregado e triste. Eu tentei tranquilizá-lo: "Meu filho, tudo isso vai passar e você vai arrumar um emprego ainda melhor". Eu orava para que ele conseguisse um bom emprego. Maria também ficou sem creche e eu ganhei 30 dias de férias. Eu pensava: "Como é bom nessa época de pandemia poder ficar em casa cuidando dos meus dois filhos!". As coisas foram voltando ao normal. Emanuel começou a procurar um trabalho e, enquanto não conseguia, cuidava da irmã para eu poder trabalhar.

Voltando a Foz do Iguaçu, minha cidade natal, as brigas por lá não paravam. Apareceu polícia e tudo mais, e o motivo não era mais meu filho. Foi só ele sair da cidade que meus irmãos começaram a brigar entre eles, que eram tão unidos para tirar eu e meu filho da casa. Já não se entendiam mais. Recebi alguns áudios e telefonemas de minhas irmãs. Tentei ajudá-las ouvindo e com minhas orações. Nesse período, meu pai, seu Damião, ficou doente e foi internado. Por conta da pandemia da Covid-19, não podia receber visitas. Foi preciso fazer o teste da Covid. Foram dias de angústia e espera. Uma noite, ao amanhecer, sonhei com ele falando para os médicos que estava morrendo, sem nenhum familiar para se despedir, então eu cheguei falando: "Pai, eu estou aqui para me despedir do senhor, e quero te dizer que sempre te amei e por toda minha vida vou me lembrar de ti". Acordei aos prantos. Olhei a hora, eram seis da manhã de um domingo. Fiz uma oração para ele e me levantei.

Estava inquieta. Minutos pareciam horas. Por volta das 10h dessa manhã, recebi a notícia de que infelizmente meu pai viera a falecer, por conta de um AVC. Fui correndo dar o último adeus ao meu herói. Fiquei uma semana lá, dando apoio para minhas irmãs. Logo a semana passou e pensei comigo: "Não tenho mais nada a fazer nesta cidade". Aquele ciclo terminou, meus dois bens mais preciosos tiveram o tempo deles aqui nesta terra.

Voltei para minha cidade, onde eu tinha outros dois bens mais preciosos ainda, e segui um novo ciclo, agora com meus pais vivos dentro de mim, no meu coração e em cada ensinamento, sempre disposta a honrá-los, passando para meus filhos o legado deixado por eles. Nesse mesmo ano, mês de agosto, meu filho conseguiu um emprego em uma das maiores empresas de Porto Alegre e, um mês depois dessa conquista, realizou seu sonho de comprar uma linda moto. Eu via meu filho feliz, trabalhando e conquistando seus objetivos. Era uma alegria para mim ver meu amado filho realizando seus sonhos. Valeu a pena esperar e entregar tudo nas mãos de Deus, aguentar o peso da cruz e perseverar na fé. Hoje consigo entender todas as respostas de Deus na minha vida. O dia em que pedi a Deus: "Afasta de mim este cálice" e ele me mostrou Jesus na cruz, pensei que não iria se afastar e eu ia perder meu filho. Senti um pouco a dor de Maria, a mãe de Jesus, que sofreu ao ver seu filho derramar até a última gota de sangue e morrer pregado em uma cruz. Mas, na verdade, Deus não afastou mesmo o cálice de mim; Ele estava fazendo algo ainda melhor: estava passando o cálice comigo. Depois de eu ter passado por todas as provações, Ele entregou a vitória em minhas mãos. Eu faço uma pergunta: há coisa melhor do que Deus, o nosso Senhor Jesus, passar com a gente o cálice, nossas lutas e tempestades? Não há coisa melhor, não. Mesmo hoje só tenho a agradecer por tudo que passei, pelas lágrimas que, sozinha no deserto, derramei. Mas sempre nascia uma luz de esperança, Jesus, que semeou com a semente do amor e hoje o meu deserto floriu. Entendi que só o amor e o bem vencem o mal. Nas minhas orações, eu também pedia a Deus que transformasse todo aquele mal em bênçãos na minha vida e na vida dos meus amores. E Deus disse: "Eu te ofereço Jesus, meu filho amado". Diante de tantas graças, a primeira graça foi eu ficar grávida de Maria. Consegui a superação de todo o meu passado. E perdoei a todos os que me feriram. Nem todo mal que me fizeram conseguiu matar a essência do amor que Deus tinha plantado em mim. Porque todos somos seres humanos e não somos perfeitos. Mateus 6:14: "porque, se perdoardes aos homens as suas ofensas, também vosso Pai Celeste vos perdoará". Como Eu também queria o perdão de Deus. Nesta busca pela libertação de meu filho Emanuel, eu percebi que também precisava de libertação. Orei pela libertação de Emanuel, mas foi ele quem me ajudou a me libertar. A Bíblia nos ensina que Jesus nos libertou do império das trevas. Há uma maneira segura de você obter esta liberdade: "Conhecereis a verdade e a verdade vos libertará" (João 8:32). Passaram-se dois anos da volta de meu filho para casa, e estou vivendo o grande maná de Deus na minha vida, com muito amor e com grande alegria. Em 21 de julho de 2021, eu e Maria comemoramos o aniversário de meu amado filho Emanuel, presenteando-o com um tênis branco, que significa paz, e uma Bíblia, que é a palavra de Deus.

 E as bênçãos de Deus continuaram a acontecer nas nossas vidas. Meu amado filho Emanuel, já um homem, a cada dia me dá mais orgulho. A minha filha, a princesa Maria, a cada dia mais encantadora.

 Estava muito feliz vivendo com minha família, meu marido Augusto e meus dois filhos. Mas parecia que para

Emanuel faltava alguma coisa. Eu, como mãe, logo percebi que o que faltava era um grande amor. Até Emanuel se apaixonar por uma linda moça, Cecilia. Logo ele me falou que conheceu uma menina e que com essa ele se casaria. "Ela também é da igreja e muito linda", afirmou ele. O que eu mais queria era ver meu filho feliz.

Não demorou muito tempo e ele a pediu em namoro. Logo fizemos um jantar em família para conhecer a moça, que agora já faz parte da família. Eu via meu filho feliz e apaixonado. Fazendo tudo certo, como manda o figurino, pediu a moça em namoro, depois em noivado e em seguida em casamento. Quanto orgulho para uma mãe!

Eu fiz questão de ajudar no casamento. Logo chegou o dia, que foi uma cerimônia simples e linda com a família e alguns amigos. Eu, mãe orgulhosa, precisava estar à altura; como sempre sonhei com esse dia, estava usando um lindo vestido vermelho. A Maria foi a daminha de honra; estava lindíssima e feliz para levar as alianças aos noivos. Emanuel, meu filho lindo, para mim parecia um galã. A noiva estava deslumbrante.

Levar meu filho até o altar foi um dia muito feliz para mim. Não sei descrever tamanha emoção. Passou um filme na minha cabeça de tudo o que passamos e como Deus estava presente em nossas vidas. Senti que tinha cumprido a minha missão de nave-mãe. Ver meu filho no altar, à espera da noiva parecia um sonho. Pedia para meu marido: "Belisca-me para eu ver que não estou sonhando".

Ao voltar para casa e ver o ninho vazio, eu e Maria choramos. Maria disse: "Meu irmão casou-se e vai ter filhos e não vai mais gostar de mim". Nós o amamos e queremos a felicidade dele. Mas era normal sentir saudades com a casa vazia.

Mais à noite, tive um lindo sonho com minha mãe. No sonho, eu e Maria saímos de mãos dadas usando vestidos brancos. Fomos até o Parcão da nossa cidade, onde minha mãe apareceu do outro lado de um rio, também usando vestido branco. E disse as seguintes palavras: "Cada um tem um sorriso no olhar, um caminho a seguir, uma história pra contar". Então eu e Maria começamos a cantar: "Mãe, tu és a estrela mais linda do céu; buscarei sempre a ti orgulhar, cada um tem um sorriso no olhar, um caminho a seguir, uma história pra contar". Acordei como se nós caíssemos de volta na cama. Desse sonho nasceu a canção *Cartão de despedida*, para minha mãe. Entendi que a mensagem era que meu filho ia ser feliz e construir sua família, ter seu caminho e escrever a sua própria história. Eu amo minha nora Cecília e agradeço a Deus por tê-la colocado na nossa família.

Com gratidão a Deus, escrevo o final feliz deste livro, com esperança de um dia encontrar a minha anjinha no céu. Vou vivendo minha vida, muito feliz com toda a minha família unida, e com Emanuel, casado e no caminho da luz, com Jesus, porque é impossível ser feliz sem Jesus, e, como prometi a Deus, cantando os hinos de vitória. E comemoramos, eu e Maria, cantando a canção *Me levantei bem cedinho*, que eu, com muito amor e carinho, escrevi. É a canção da minha história.

FIM. O fim de um pedaço da minha história.

MENSAGEM FINAL

Aqui eu quero deixar uma mensagem a todas as mães.

Mães, nunca desistam de lutar pelos seus filhos, ainda que tudo pareça estar perdido e suas forças pareçam estar acabando. Deus tem uma saída. Ergam a cabeça, não fiquem olhando para o chão, porque não é de baixo que vem a solução. É de cima. Olhem para o céu e para Jesus, autor e consumador da nossa fé (Hebreus 12:2). Lutem por esse filho que um dia Deus lhes confiou. Voltem lá, para o momento em que estavam grávidas, até o nascimento dos seus bebês. Lembrem-se do seu primeiro chorinho, de quando começou a enrolar a língua e saía apenas angu, quando ele falou suas primeiras palavras, depois engatinhou e deu seus primeiros passinhos. Vão um pouco mais fundo, para aquele abraço e beijo molhado depois do banho. Esse filho foi crescendo uma criança doce e feliz e, com o passar dos anos, foi se desiludindo e desviando do caminho.

Ao relembrar tudo isso, é difícil não chorar. Então deixem as lágrimas rolarem, porque Jesus está vendo e atravessando este vale com vocês.

Ao escrever estas palavras, lágrimas rolaram pelo meu rosto, mas aqui quero dizer-lhes que entendo a sua dor e estou torcendo por vocês. Arregacem as mangas e vão à luta com as armas que Jesus nos deixou: a Bíblia, joelhos no chão e mãos para o céu.

Não há segredo, tenham fé e perseverança na oração. Com Deus, para tudo tem um jeito. Ele não vai deixá-las na escuridão, lhes dará uma resposta. Mesmo que ainda não haja saída e que pareça que a morte venceu a vida, Deus tem a solução.

Em nenhum minuto eu desisti do meu filho. Eu consegui, e vocês também conseguirão.

Se eu tivesse desistido na metade da prova, ou no dia 19 de julho de 2019 – meu milagre ia acontecer no dia 20, que foi o dia em que meu filho decidiu parar com tudo –, eu não estaria vivendo estes anos de bênçãos com meus filhos e hoje também não estaria escrevendo este final feliz... Eu acredito que cada um pode e deve encontrar seu caminho para resolver seus problemas e desafios. A vida passa muito rápido, não dá para esperar cair tudo do céu. Precisamos lutar pelos nossos sonhos.

Estarei aqui, orando por todas as mães que sofrem com seus filhos para que consigam a vitória.

AGRADECIMENTOS

Obrigada, Deus!
Obrigada por nunca desistir de mim e por nunca me deixar sozinha!
Foi preciso muita dedicação, renúncias, esforços e sacrifícios. Precisei fazer escolhas e perseverar na fé para chegar até aqui. Tenho gratidão a Deus, que sempre esteve comigo e é a razão do meu existir, bem como dessa história linda e feliz que compartilho com você. Agradeço, com carinho, ao meu marido, Adair; aos meus filhos, Henrique e Mariana; à minha nora, Camila, pela atenção comigo durante a escrita deste livro; e à minha família, pelo apoio. Amo vocês! Agradeço às minhas irmãs: compositora Leni Quintana e pastora Maria Quintana, pelo apoio. Agradeço à minha psicóloga, Carolina Antunes, que, com amor e dedicação, faz parte da minha trajetória de vida. Também agradeço ao Sr. Paulo Flávio Ledur e ao Maximiliano Ledur, diretores da Editora AGE por todo o apoio. Sou grata pelas pessoas especiais que o Senhor colocou no meu caminho: aquelas que ficaram por um tempo, as que ainda estão comigo e até as que passaram brevemente, mas deixaram lições importantes. Agradeço por cada gesto de bondade que recebi, por aqueles que me ensinaram sobre o amor, a coragem e a perseve-

rança. Com essas pessoas, aprendi que não preciso apenas sonhar com um mundo melhor, posso transformar o meu mundo no melhor lugar possível. Tudo isso porque acredito: "tudo posso naquele que me fortalece". Aprendi que respeito gera respeito, amor gera amor, e que o verdadeiro significado da vida está no amor que compartilhamos. Também sou grata pelas pessoas que cruzaram meu caminho sem boas intenções com elas, pois aprendi a me levantar sozinha após cada queda. Descobri a força que há em mim, a resiliência que Deus me deu, e compreendi que nada nem ninguém pode roubar a essência do amor que Ele plantou no meu coração. Se você leu até aqui, saiba que Deus também tem algo novo e maravilhoso para você e para sua família. Confie Nele, pois é Ele quem nos fortalece. Perdoe, escolha com sabedoria e acima de tudo: ame muito e seja feliz! Se você gostou ou se identificou com essa história, compartilhe com seus familiares e amigos.